户籍松绑

张林山◎著

以人民为中心的户籍制度改革方略

People Centered Reform Strategy of Household Registration System

图书在版编目（CIP）数据

户籍松绑——以人民为中心的户籍制度改革方略/张林山著. —北京：经济管理出版社，2018.11
ISBN 978-7-5096-6189-5

Ⅰ. ①户… Ⅱ. ①张… Ⅲ. ①户籍制度—体制改革—研究—中国 Ⅳ. ①D631.42

中国版本图书馆 CIP 数据核字（2018）第 264877 号

组稿编辑：申桂萍
责任编辑：任爱清
责任印制：黄章平
责任校对：董杉珊

出版发行：经济管理出版社
（北京市海淀区北蜂窝 8 号中雅大厦 A 座 11 层 100038）
网　　址：www. E-mp. com. cn
电　　话：（010）51915602
印　　刷：三河市延风印装有限公司
经　　销：新华书店
开　　本：720mm×1000mm/16
印　　张：14.75
字　　数：228 千字
版　　次：2018 年 11 月第 1 版　　2018 年 11 月第 1 次印刷
书　　号：ISBN 978-7-5096-6189-5
定　　价：58.00 元

前　言

在半个多世纪的时间里，我国的二元户籍制度逐步形成和完备。当时严格的户籍制度在计划经济体制下确实起到了积极作用，然而，伴随着我国社会主义市场经济的不断发展，城乡和地区的人口流动规模越来越大，传统的户籍管理制度越来越阻碍人口流动和经济社会的发展，已经成为一种限制人口自由流动、人为制造福利差别的不平等的利益分配机制。时至今日，二元户籍管理制度已经被公认为我国城镇化和现代化的最大障碍，其改革的必要性已基本达成共识。

然而，为什么几十年来户籍制度改革一直没有根本性突破，二元户籍制度能够长期维系呢？从改革的思路来看，过去的改革，无论是放宽入户条件，还是实行所谓的居住证、积分入户政策，都错在用“三个捆绑”的改革思路。一是将户籍与人口迁移捆绑，人为设定户籍准入门槛，改革措施始终跳不出门槛思维；二是将户籍与城镇福利捆绑，人为制造福利差距，改革措施始终解决不了福利歧视；三是将户籍与土地捆绑，人为限制人口流动，改革措施始终保证不了农民利益。“三个捆绑”使不断“开口子”或者“放松”的户籍改革总是事倍功半甚至适得其反，就不可能形成一元化户籍制度。

我国二元户籍管理制度是建立在城乡分割的二元结构体制上的。其中，与户籍制度联系最为紧密的就是城市福利和保障制度以及农村土地管理制度。因此，对于当前推进我国户籍制度改革，应当是包括户籍登记迁移制度、城市福利和保障制度以及农村土地制度在内的三种主要制度变革。三者共同构成和维系现行我国以二元户籍制度为表征的城乡二元经济社会结构的长期运行。

户籍登记迁移制度是我国户籍制度改革的基本制度内容。历史上，我国曾出现了多种户籍类别和城镇落户模式，同时也形成了不同城市的差别化落户门槛。从户籍制度的历史变迁来看，我国户籍登记和迁移制度的核心就是人口准入制度。以“条件准入制”为特征的现行户籍制度只是地方政府出于自身利益进行公共资源分配的工具。不同城市都利用这项工具来进行发展资源的争夺，已经失去了户籍制度改革的本来意义。这种由户籍制度及与之相关联的福利和保障制度构成的人口迁移和社会分配机制，不仅影响社会公平和稳定，也会扰乱资源配置，制约市场效率。

城市福利和保障制度是我国户籍制度改革的核心制度内容。我国的户籍制度除了统计人口信息、证明公民身份的基本职能之外，还承担了分配各项社会福利的附加功能。在二元户籍和福利分配体制下，不同户籍和不同区域人口存在巨大的福利级差。户籍改革的关键和真正难点就在于户籍与附加利益的剥离，推进教育、就业等社会领域自身改革，形成不以户籍为管理依据的社会管理体制。

农村土地管理制度是我国户籍制度改革的重要制度内容。自古以来，我国历史上的户籍制度与土地制度都有着十分密切的联系。户籍是政府分配土地、征收赋税和徭役的基本依据。当前，加快推进我国农业转移人口市民化进程，关键是要建立转移人口农村土地市场化流转机制。我国目前与户籍身份紧密联系的土地产权制度安排必然导致土地流转受限，土地的市场价值不能充分实现，不仅不利于农业转移人口市民化，也不利于土地资源的合理利用。

流动人口自身、流入地政府、原有城镇居民和流入地企业是我国户籍制度改革涉及的四个最重要的利益主体。各利益主体为了维护自身利益最大化，必然会在户籍制度改革过程中产生利益博弈，并最终影响我国户籍制度改革的进程。非均衡博弈的一个重要结果就是导致一些地方的户籍改革措施只是停留在表层，户籍与福利还远未分割开来，甚至在一些特大城市户籍的福利特征还有所强化。未来户籍改革多方博弈的力量制衡更多地取决于公共财政体制的建立，取决于中央与地方之间财权、事权的合理划分。

我国现阶段推进户籍制度改革，要以实现以人为本、促进人口自由迁徙、公平待遇和权益保护为价值取向，尽快建立一种既与国际接轨又符合我国国情的户籍管理制度。核心思路是变“捆绑”式为“分离”式改革。即迁徙与准入分离，变人口管理为人口服务；户口与福利分离，变户籍准入为福利准入；转户与失地分离，变土地保障为土地财产。具体来说，就是要推进三大改革：

一是推进户籍登记迁移制度改革，实行公民按常住地进行户口登记，以完善居民身份证制度为基础，推进户籍管理从静态管理向动态管理转变，从以人为中心向以户为中心转变，出台《户籍法》等一系列户籍管理法律法规，并最终形成一整套城乡统一的新型户籍制度。

二是重构城镇福利和保障体系，变传统的户籍与福利大捆绑的“福利包”为推进单项福利制度改革的“福利链”，要将城镇社会管理和公共服务由以户籍人口为主向常住人口拓展，建立适度普惠型的社会福利体系。同时，在目前我国地区之间、城市之间还存在较大福利级差的条件下，也应通过分类设置一定的福利准入条件，从传统的“门槛式、一次性”户籍准入到现在的“分类别、多选择”福利准入，引导农村人口向城市有序流动，减少流动人口对大城市的冲击。

三是推进农村土地制度改革。农村土地经过明确所有权主体、确立用益物权之后，农业转移人口凭借常住地城镇的自有住房或承租住房证明、若干年度连续缴纳社会保险证明或农村社保关系迁入常住地证明，可以有偿地将家庭承包地、林地、宅基地交还给村集体经济组织。农民转户退地必须完全尊重农民本人的意愿，不得强制或变相强制收回。

目　录

第一章　导　论

第一节　问题的提出

一、城镇化发展的总体水平滞后是我国当前经济社会发展的基本特征

自改革开放以来，我国的城镇化进程快速推进。2017 年，我国城镇常住人口统计的比重达到 58.52%，而在改革开放之初的 1980 年，城镇化率只有 19.39%。特别是进入 21 世纪后，我国的城镇化率以年均 1%以上的速度递增，进入一个快速城镇化的发展阶段。

城镇化过程同时也伴随着非农化过程，城镇是非农产业和各种要素的聚集地，农业转移人口在各级城镇广泛就业于第二产业和第三产业，促进各类非农产业的成长和城镇的扩大。根据钱纳里工业化的划分阶段，我国目前已处于工业化的中后期阶段。但是，因为我国传统的户籍制度以及其他制度因素人为地限制了农村劳动力的转移就业和移民落户，其结果导致我国的城镇化水平严重滞后于工业化和非农化进程（如表 1-1 所示）。

表 1-1　工业化进程与城镇化率的经验数据

发展阶段	人均生产总值（美元）	非农增加值比重（%）	非农就业比重（%）	城镇化率（%）
工业化初期（工业化起步）	600	65	20	10
工业化中期（工业化起飞）	1200	80	50	30
工业化后期（基本实现工业化）	3000	90	70	60
后工业化阶段（全面实现工业化）	4500	95	90	80

当前，我国正处于城镇化加速发展的时期，未来 10 年甚至更长的一段时间，城镇化不仅有很大的成长空间，而且还会有一个比较快的增长速度。但是，应该明确的是，目前我国城镇化率是按城镇常住人口统计的，其中还包括庞大的农民工群体。如果按户籍人口来算，2017 年我国人口城镇化水平只有 42.35%，远低于世界 52%的平均水平。

第六次全国人口普查显示，沿海地区发达城镇聚集了巨大的外来人口。以广东东莞为例，全市常住人口为 822 万人，其中家庭户人口 507 万人，这意味着有 315 万人处于脱离家庭的状态，占全市常住人口的 38%。珠三角和长三角不少城镇都有相似情形。“无家一族”，广州市有 260 万人，占常住人口的 20.7%，深圳市有 296 万人，占常住人口的 28%，江苏省苏州市有 216 万人，占常住人口的 20.6%，昆山市有 50 万人，占常住人口的 30.2%。这些人被统计为城镇常住人口，计算在城镇化率指标中，但他们的就业、社保等公共服务并未完全城镇化，其享有的公共服务水平严重落后于城镇居民。

二、城镇化发展进入新阶段后需要克服日益凸显的体制矛盾

我国城镇化滞后的根本原因在于城乡二元体制。自 2003 年以来，“三农”问题得到了高度重视，政策上逐步加大了“多予少取”“以工补农”的力度，但导致城乡二元结构的深层次体制障碍并未有效破解，户籍制度以及与之相联系的公共服务与社会福利制度、农村土地制度等都还不适应城镇化的要求。从目前实际情况来看，阻碍农村剩余劳动力转移的主要制度因素有六个方面问题：

（1）户籍制度。当前，虽然我国传统的户籍制度改革有所进展，但仍然是广大外来人口进入城市的一大障碍，即便是已被城镇纳入城镇常住人口统计、早已不再是从事农业生产的农民工，城市政府仍然不愿接纳和转户。这就使他们在身份、社会地位和福利待遇上与城市居民存在巨大的差异。

（2）就业制度。从总体上来看，当前我国对外来人口特别是农民工群体进入城镇就业的环境正逐步改善。但是，从根本上说，目前我国劳动力市场依然具有二元分割的特征。城镇政府对广大流动人口的就业歧视现象在一定程度上仍然存在。在就业机会准入、就业服务提供、就业环境改善等方面，流动人口与户籍人口还存在相当大的差距。

（3）城乡教育制度。流动儿童的入学障碍在很大程度上影响着农民工的迁移决策。大量迁移进城的农民工子女被排斥在城市公办学校之外。农民工子女入学面临受歧视的窘境。现行的高考制度使农民工子女无法在常住城镇就地参加高考和录取，只能回户籍地。这项规定严重影响了农民工的迁移决策，分散了家庭，对农业转移人口市民化形成严重制约。

（4）社会保障制度。由于城乡二元经济社会结构的历史影响，目前城镇居民的社会保障体系保障项目齐全、保障水平较高，而农村各

种社会保障制度建立时间不长，亟待进一步完善。虽然农民工群体在城镇工作和生活，却很难加入城市社会保障体系。个体户、中小企业在促进农民工社保方面积极性不高，甚至连雇用农民工的事业单位及党政单位也没有建立对农民工的社会保障。

（5）住房制度。在城镇化进程中，尽管农民工为城市经济的发展做出了不可磨灭的贡献，但城镇住房保障体系却没有将广大农民工包括在内。由于没有相对稳定的住宅，相当一部分在城市务工、经商的农民对所在城市认同感不强。外来人口中的大多数人只能是在年轻时进城务工经商，年老时返回农村。

（6）农村土地管理制度。当前，虽然我国农村土地的家庭承包经营制度在历史上发挥了重要的积极作用，但是，这一制度本身也存在一些制度缺陷，如土地的产权关系不明晰，以及在此基础上的土地流转制度不健全，农民的土地资源等财产权利没有得到充分保护和实现，阻碍了农村剩余劳动力向非农产业转移、在城镇安家落户。

三、加快推进户籍制度改革是提高我国城镇化速度和质量的关键举措

中国户籍制度是在计划经济时代这一特定的历史背景下形成的，是为了保障国家计划的执行而不得已的选择，在推进国家工业化的发展、保障国家重大计划的实施、稳定社会秩序等方面发挥了非常积极的作用。然而，随着经济社会发展特别是社会主义市场经济体制的逐步建立，这一制度造成的公民之间的不平等、对城镇化进程的延缓作用以及对城乡协调发展的妨碍作用日益明显。

户籍制度是上述一系列制度不公的核心载体。改革开放以来，我国户籍制度改革不断向前推进，取得了较大进展，但是，从根本上来说，改革并没有消除户籍制度对人口流动迁移和农业转移人口市民化的制约。近年来，全国一些城市相继开展了新一轮的户籍制度改革，

但是，截至目前，地方上的实践探索并没有取得实质性的突破，传统的二元户籍制度依然作为城镇福利分配的依据，仍然是我国推进人口城镇化的重要障碍，加快户籍制度创新已成当务之急。本地户籍和非本地户籍享受福利差异（如表 1-2 所示）。

表 1-2 本地户籍和非本地户籍享受福利差异

享受福利	本地户口	非本地户口
就业	政府采取大量措施解决本地户籍下岗失业人员就业问题	存在就业歧视现象，无法从事公务员、教师、售票员、环卫工等工作，就业服务欠缺
社会保障	拥有保障项目齐全、保障水平较高的保障体系	流动人口特别是农民工群体社会保障覆盖面还很窄，且转移接续问题很多
教育	孩子可以享受到当地优质的教育资源；优势集中的地区的本地户籍的学生上大学相对容易	外来人口子女入学排位本地户籍人口之后，且在居住、就业等方面对家长有严格限制条件
住房保障	各级政府建立主要面向本地户籍的住房保障体系，着力建设限价房、经济适用房、廉租房，等等	外地户口很难享受住房保障政策，无法购买限价房、经适房
医疗	儿童医保只限于本市户籍，生育保险只限于“具有本市常住户口的职工”，等等	享受基本医疗保险，很难享受生育保险

资料来源：根据有关资料整理。

第二节 研究方法和思路

一、研究方法

本书拟采用以下研究方法：

第一，文献分析方法。通过对大量历史资料的收集整理，分析相关的文献、政策、法规，总结现有的研究基础和存在的问题，使研究具有针对性和可行性。

第二，定量与定性分析方法。即通过逻辑严密的定性阐述来论证说明相关的概念和框架，同时构造博弈论模型来分析论证有关问题。

第三，实证研究与比较研究分析方法。通过实证研究和比较分析，可以清楚地看出城乡之间、地区之间的福利级差，以及各地的福利门槛指数。通过比较国外户籍管理的经验，为我国户籍改革提供借鉴。

第四，案例分析方法。在户籍制度改革的典型模式方面，本书收集了全国一些城市典型的户籍制度改革做法，系统地总结了这些户籍改革实践的经验和不足，为提出下一步我国户籍制度改革方案提供实践借鉴。

二、研究思路

户籍制度改革一直是社会各界关注的热点问题，近些年来，学术界从不同角度对户籍制度改革进行了广泛而深入的研究。目前，学者对于户籍制度改革的必要性已基本达成共识，基于人口自由流动权利、促进工业化城镇化协调发展、改善城乡居民特别是农民的收入水平及民生福利等诸多考虑，传统的户籍制度已经到了非改不可、不改不行的地步。针对这一命题的建议，学术界，无论是经济学家、社会学家抑或人类学者，都重点抨击了这种制度的弊端，强调户籍制度改革的本质要求是剥离户籍制度背后的城市福利，还户籍制度之人口登记和统计的本真意义。

应该说，大部分学者的建议较为合理，户籍制度改革不能等也等不得。但是，仔细审视这些户籍改革建议，可以发现，理论界对于户籍制度改革的基本方向还没有十分明确，始终无法脱离长期历史形成的“户口情结”；对于如何从实际层面来操作户籍改革，还是语焉不详，制度设计也有失全面。

那么，户籍一元化改革到底要解决哪些问题呢？本书的立题本意，就是在现有研究和地方实践的基础上，希望能从一个全新的视角来全面系统审视我国的户籍制度改革，为理论界在该领域研究拓展一个新的视野，同时也为政府层面进行户籍制度改革顶层设计和实际操作提供参考。从研究思路来看，本书的研究重点主要有以下三个方面：一是研究户籍制度如何摒弃过去的“二元化”管理，选择城乡统一、没有差别的“一元化”模式；二是面对不同城市间短时期内不可能消除的福利级差，如何设计一种制度路径和制度安排，能够替代现有户籍功能，并能有效防止“城市病”；三是研究户籍制度改革中农民的土地财产权利如何保护和实现，是否必须以放弃土地为代价。

第三节 研究内容和结构

我国目前的户籍管理制度是与我国城乡二元经济和社会结构相统一的。城市福利制度和农村土地管理制度是维系户籍制度长期运行的两种重要制度安排。无论在制度生成的时间上，还是在制度的功能上，三者都具有内在的关联性与互动性。这就决定了目前呼声很高的户籍制度改革不仅是户籍制度本身的问题，城市福利制度和农村土地制度也是其不能绕过去的坎。

基于上述认识，对于当前的户籍制度改革，本书认为，应着力在以下五个方面予以重点关注和研究：

一是户籍制度改革的价值目标与实现手段能否存在内在一致性。户籍制度改革的价值目标可以认为是实现人口自由流动和平等身份，而户籍改革的实现手段是剥离户籍所含福利、还原户籍的人口登记、信息记录等基本功能。目前，多数学者认为，户籍改革是个长期的渐进过程。为防止城市拥挤和社会问题的出现，现阶段还不能完全取消户籍制度，还需要对外来人口设置一定的入户门槛。但是，这种建议和做法显然有违户籍制度改革的价值目标，错误地站在了维护现有户籍制度壁垒、继续实行歧视性、差别性福利政策的立场上。因此，可以认为，我国的户籍改革只要还存在户籍门槛，只要还需要通过“入户”来提高福利，这种改革就是不彻底的甚至是犯了方向性的错误。

二是当前我国城市福利和保障制度以及城镇户籍人口与外来人口的福利级差。在明确了影响当前我国户籍制度改革的主要制度因素除了户籍登记迁移制度本身之外，就是城市福利制度和农村土地管理制度之后，紧接着分析当前影响户籍制度改革或是户籍制度内含的城市福利制度具体有哪些、户籍人口与外来人口的福利级差有多大、各地的入户条件包括哪些方面、户籍门槛有多高等方面。

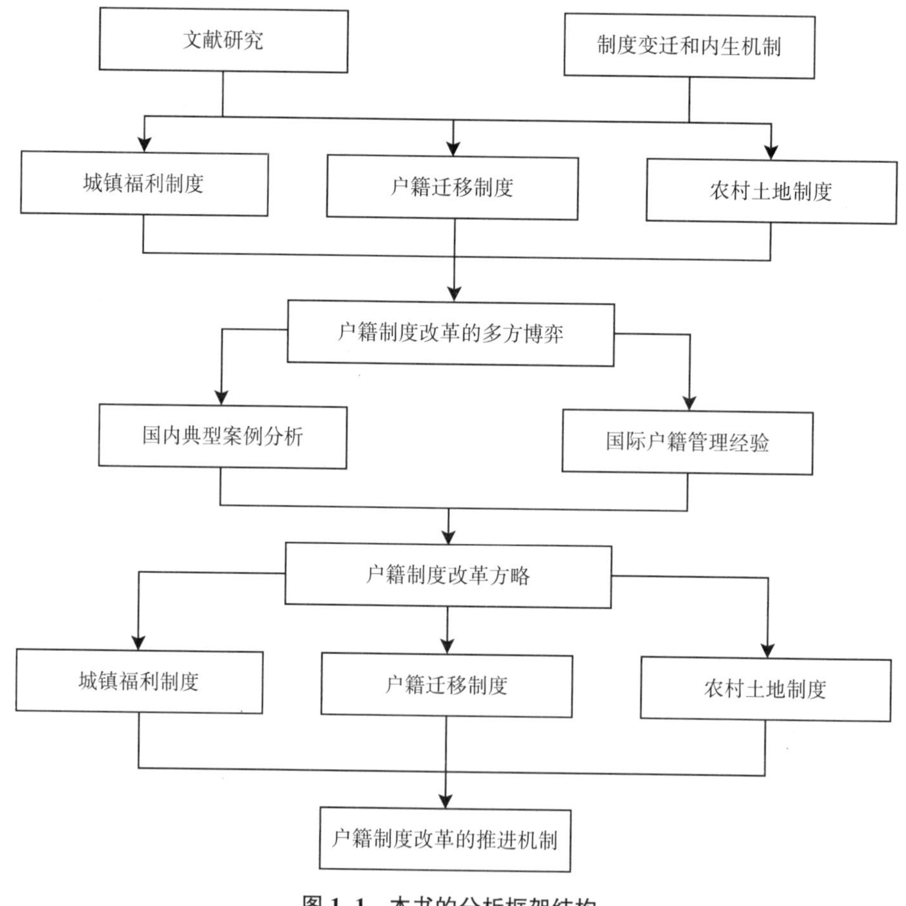

图 1–1　本书的分析框架结构

三是户籍制度在改革过程中相关利益群体的博弈过程及其可能结果。在目前我国城乡之间、地区之间存在较大福利级差条件下，下一步推进户籍制度改革，各利益相关方是如何博弈的，各自的成本和收益如何，最终可能会产生的均衡结果是什么样的。

四是如何稳定、有序地剥离户籍背后的城市福利问题。面对不同城市间短时期内不可能消除的福利级差，如何设计一种制度路径和制度安排，能够替代现有户籍制度功能，使在开放城市户籍限制的同时，各级城镇特别是大城市人口增量不会短时间内迅速放大，城市的基本公共服务和社会福利不会面临基础设施短缺、人力财力不足的局面，并最终能够形成人口城市间合理分布的格局。

五是户籍制度改革中农民的土地使用权及房屋财产的处置问题。原有法律规定的农民迁入设区城市必须放弃土地使用权的条款在新形势下能否继续适用，农民在进城落户过程中土地财产权利如何保护和实现，是否必须以放弃土地为代价，实行所谓的“土地换社保”“宅基地换住房”政策。在实践中，农民放弃土地使用权的土地定价是否合理。

第四节　本书可能的创新点及不足

本书在充分吸收学术界研究进展的基础上，争取在户籍制度改革研究的理论方法和政策建议上有所创新。

第一，本书通过理论研究，分析现行户籍制度的作用机制和影响户籍制度改革的主要制度因素，厘清户籍制度改革价值目标与实现手段之间的逻辑关系，丰富了户籍制度改革理论研究。

第二，本书运用博弈论方法，综合系统地分析了在存在福利级差背景下我国户籍改革过程中地方政府、地方企业、外来人口、农民、市民等相关主体的利益博弈行为，并论证了合作博弈条件下各主体利益均衡的条件和结果，突破了目前同类研究的范围，系统性、综合性明显增强。

第三，本书的研究思路和政策建议具有独特性和较强的可行性。突破了传统研究的“户口情结”，将户籍改革的价值目标与实现手段统一起来，找到了一条切实可行的稳定有序剥离户籍福利的路径，丰富和深化了现有理论研究，对政府制定户籍改革政策也具有重要的参考价值。

不足之处主要在于，笔者着重实证分析和政策研究，对理论支撑分析不够，计量模型的运用亦比较浅显。

第二章　户籍制度改革研究现状分析

第一节　户籍制度改革的必要性

当前有诸多学者对现有户籍制度的弊端进行了淋漓尽致的分析。有论者甚至认为，户籍制度是计划经济在社会生活中的最集中表现，是计划经济的最后一座堡垒。针对我国现行户籍制度的弊端，学术界主要从以下几个方面进行了探索。

一、对城镇化进程的影响

以户籍人口作为城镇化水平的统计指标，已经无法准确反映我国当前的城镇化进程。在人类社会发展的阶段中，工业时代的到来标志着农业活动比重的下降和非农业活动比重的上升。经济结构的变化带来了社会结构的调整，突出表现为农村人口逐步下降，城镇人口逐步上升的城镇化过程。目前，虽然我国已达到世界中等收入国家的发展水平，但从户籍人口统计的城镇化水平来看，尽管历经十余年的发展，但是仍徘徊于世界低收入国家的水平。

户籍制度有碍城镇化的论断似乎已经成为学术界的普遍共识。城乡二元的户籍制度产生于毛泽东时代，由于当时城市中的就业机会稀少，住房和公共设施匮乏，户籍制度作为限制农村人口向城市转移的手段应运而生，有效避免了人口流动给城市带来的过大压力。但与此同时，户籍制度的弊端也日渐凸显，由于户籍制度在限制人口流动的同时也限制了城市劳动力的必要扩充，由此产生了在计划经济体制下，农民生活的相对贫穷化和城镇化滞后于工业化等现实问题。改革户籍制度正在成为推进城镇化进程的突破口。改革开放以来，虽然户籍制度进行了创新和改善，其负面效应有所削弱，但当前户籍制度的规定和内容，对城乡人口流动的限制作用仍未解除，并且严重阻碍着农民身份向市民身份的转变。当然，随着市场经济的不断发展，户籍制度对人口迁移的约束性也在渐渐下降，对农村人口临时性流动的硬性约束已经弱化，对于长期的“正式迁移”的约束力仍然存在。

户籍制度是如何影响和制约城镇化进程的？我国现行的户籍制度与城镇化功能、户籍制度改革与城镇化进程以及户籍制度滞后与城镇化的快速发展三者之间均存在深刻的矛盾。作为一套综合性的规范体系，户籍制度承担着社会管理、社会控制等功能；户籍制度在社会生活的多个领域形成了组织严密的体系，固化了从农民、非农、城镇到城市的户口金字塔结构，从而使资源和利益向城市倾斜。户籍制度大大地增加了农村人口向城市流动的迁移成本，剥夺了我国公民的自由流动权，提升了城市内部的劳动力成本，不利于城乡二元经济结构的消除，不利于城乡收入差距的缩小，同时还限制了城市文明的传播。

与此同时，城镇化的滞后不仅影响着我国经济社会的发展，也对户籍制度改革产生了制约作用。城镇化发展程度滞后，制约着城市吸纳、接收和转化农村人口的能力，导致户籍制度改革难以推进。由于农村剩余劳动力无法实现有效转移，农村人口收入水平较之于城市人口收入增长缓慢，积压在农村的强大的消费需求无法被有效地激发出来，城市公共投资水平和第三产业的发展也会受到相应影响，无法缓解产业结构失衡和内需不足等现实问题。综上所述，传统计划经济时期的户籍制度缺乏效率、有失公允，与现代化城市发展的进程已经不相适应。

二、对身份平等和自由迁徙权的影响

目前，学术界对于未来我国户籍制度改革的目标主要集中于促进公民自由迁徙和身份平等两个方面。

主张户籍制度改革的最终目的在于实现公民的自由迁徙权的学者认为，迁徙自由是公民的基本人权。这一观点为世界各国的法律和国际组织所接受，世界上绝大多数国家都在宪法中明确规定公民的迁徙自由。相比之下，我国的户籍制度直接限制了人口迁徙，导致人才流动不畅，与世界各国的普遍做法存在明显差异。

部分学者认为户籍制度改革的最终目的在于实现城乡居民平等化，户籍制度如同“中国第一证件”，成为国民地位的标签，对社会成员有着特殊的意义。户籍制度的长期影响，使城乡分治、城乡分离的“二元社会”愈加明显，经济社会发展成果在城乡分配之间也显失公平。尽管农民在中国半个多世纪的经济社会发展中，为国家和人民做出了巨大贡献，但在政治、经济和社会领域，城市中的工人、干部、居民与农村中的农民享受着截然不同的政策待遇。现阶段，在教育、就业、医疗、住房、社会保障等方面的制度碎片化也更为明显。

此外，现行户籍制度还会强化社会分层。有学者通过分析城乡二元社会结构与户籍制度管理的互动关系，揭示了户籍制度在社会分层中发挥的作用及其作用机制。还有研究揭示了户籍制度稳定性强、控制力强的已经构成中国社会等级式结构分层中最主要的表现形式。

三、户籍制度对城乡收入差距的影响

以户籍制度为前提制定的一系列政策带有鲜明的重工轻农色彩，为从事工商业活动的城市居民带来较大收益，却牺牲了以农业生产为基础的农村和农民的利益，加剧了城乡二元社会结构的格局。计划经济时期，户籍制度以及与之相关的政策将农民束缚在耕地上，限制了农民进城或跨地区自主就业的可能性。与此同时，农村地区的福利水平远远落后于城市，导致城乡居民之间的收入差距严重失衡。

户籍制度以及衍生制度导致城乡收入在初次分配与再分配时均存在严重的不平等现象。有学者认为，转移和消化农村剩余劳动力是解决农村贫困问题的必然选择。只有允许农村劳动力从事非农性生产活动，允许农村剩余劳动力流向城市就业，实现劳动力资源在时间和空间上的重新配置，才能够提高农村居民的收入水平。户籍制度的存在，恰恰遏制了流动的过程，从而制约了农民谋求更高收入水平的可能性。

四、对农村及农业发展的影响

现行户籍制度扩大而非缩小了城乡差别，不利于城乡统筹发展。户籍制度的存在，将农民紧紧地和土地联系在一起，制约了他们外出从事非农业生产，同时也不利于农村土地的合理流转，导致无法实现农业生产规模化经营。无法破解 8 亿多农民与 1 亿公顷耕地的失衡问题，难以改善广大农村地区的贫困面貌。原本在计划经济体制下社会管理和控制作用的户籍制度，现已严重阻碍了土地承包经营权的流转，户籍制度的正效应已被大打折扣。

五、对治理“寻租”活动与腐败现象的影响

户籍本身不是商品，但当户籍与包括权利和福利等在内的实际利益相挂钩时，户籍就具备了商品的价值和价格。户籍的“含金量”使劳动力流动超越了单纯的资源配置过程，而转变为一种“寻租”活动。其可能的后果是，“寻租”带来的劳动力真实流动水平远远超出城乡、地区和部门之间劳动力的实际需求水平，导致劳动力市场的无序和拥挤。同时，“寻租”的范围也在不断扩散。如今，不仅是大城市的户口

能成为“寻租”的对象，连中小城市也出现了类似的情况。

第二节　影响户籍制度改革的主要因素

一、城市福利制度

农民市民化主要受制于以身份甄别为特征的户籍制度以及与户籍制度相联系的城市用工制度、居民福利制度、住房制度、教育制度以及农地产权制度。近年来，尽管我国户籍制度不断改革完善，但二元户籍制度并未从根本上发生改变，流动人口在工作地创造财富，却无法享受自己的劳动成果，这一制度安排非但不能调和原有的城乡二元结构，反而催生出新的城市二元结构。

截至 2017 年，与户籍制度相关的个人权利多达二十余项，包括政治、就业、教育、社保、计生以及义务兵退役安置政策和标准、交通事故人身损害赔偿等。外来流动人口与城市户籍人口享受的公共服务、社会保障和社会福利差距较大。大多数城市通过一系列政策将农民工定位为城市次属劳动力，这一群体也因此无法融入城市的主流社会。在住房方面，农民的盖房费用完全需要自己来承担，相比之下，城镇居民无论是在租房还是在购房过程中，都可能得到国家或企业提供的优惠或住房补贴。此外，城乡居民在教育资源、条件和可及性等方面的现实差距更加不言而喻。

当前，户籍制度的最大弊端是城乡分置的社会福利制度带来的隔阂。消除制度隔阂，填补制度鸿沟是推动现行户籍制度改革的前提。国内最早研究二元经济结构和剩余劳动力的学者蔡昉指出，户籍制度本身的缺陷与其附着的特殊利益构成了户籍制度改革的悖论：福利水平越高的地区，户籍制度改革越难推进；而户籍制度越是稳固，福利制度的城乡隔阂就会愈加深化。①

向农村居民开放城市户口只是户籍制度改革的一小步，即便解决了进城务工人员的户籍问题，城市较高的物质生活水平仍使其望而却步。例如，相比于城市高额的消费支出，与城市户口相挂钩的子女教育、就业和社保等福利对农村居民而言并没有很大的吸引力。换言之，缺乏与之相应的收入水平，城市户口对于他们而言也只是一张“华而不实”的契约。②

二、农村土地制度

户籍制度与土地制度存在某种程度的相适应性，我国的户籍制度与土地制度之间有着密切的联系。历史上户籍不仅是政府征收赋税和徭役的基础，也是土地分配的依据。农村土地集体所有制与城乡二元的户籍管理制度相辅相成，共同发挥着控制人口流动、稳定社会秩序的作用。

户籍制度改革旨在实现消除户籍差异，实现迁徙自由。农村土地集体所有制无疑对户籍制度改革构成了制度性障碍，使广大农村被划分为一个个基于集体利益的共同体，而户籍恰恰成为农民获取集体利益共同体成员资格的唯一依据。这种特殊的利益结构，使人口难以实现农村之间的横向流动以及城乡之间的纵向流动。有学者对重庆市在户籍改革背景下的农户转市民意愿以及与之相伴随的土地流转问题进行实地调研，结果显示，尽管农民对转变农村户籍的态度比较积极，但对土地流转补偿和城市生活保障等问题却心存隐忧。

不过，随着农村土地价值的提升，农村居民对农村户籍的态度也

① 蔡昉. 户籍改革核心是打破城乡分割二元结构［N］. 第一财经日报，2010-08-17.

② 岳立，张钦智. 农村人口的城市化问题研究——基于户籍制度的视角［J］. 经济问题，2009（3）.

在发生变化。随着政府关于农村土地承包权可以继承、增人不增地、减人不减地等改革措施的落定，农村居民在出生时就拥有一份无限期的土地使用权。由于土地资源日益稀缺，使这项无限期的土地使用权本身蕴含着可观的财富。因此，一旦农村居民在转为城市户籍时所获得或预期获得的收益低于土地使用权带来的回报，农村居民市民化的积极性就会大大降低。

第三节　对户籍制度改革目标方向的争论

一、“取消论”：取消户籍制度，实现人口自由流动迁徙

在户籍制度改革研究的初期，有关户籍制度改革目标的争论主要集中在保留还是取消户籍制度方面。这是有其特定的历史背景的，在研究初期，户籍制度带来的问题和矛盾才刚刚显现，人们对户籍制度的历史渊源和基本功能缺乏深刻的了解，所以不少学者提出取消户籍制度，主张用身份证来代替户籍制度。

随着时间的推移和研究的深入，学术界对于户籍制度所发挥的历史作用及其本原功能有了更为客观、深刻的认识。早期取消户籍制度的主张开始受到挑战。其中，学术界最明显的担心在于取消户籍制度会带来城乡之间人口流动失控，与之相伴随的是城市中将出现贫民窟、交通拥堵、住房紧张、失业加剧、犯罪率上升等问题。持这些观点的学者认为，“城市病”的潜在根源是中国人多地少的基本国情和农村人口的较大压力，人口流动是“城市病”暴发的必要条件。当然，也有人对此进行了反驳。有学者认为，由于市场经济的发展和事实上已经发生的以农民工为主体的非永久性迁移，该进城的人都已经进城了，

因此，开放城市户口不会使城市矛盾急剧上升。[①] 也有学者借助理性人假设提出农村人口同样会进行成本—收益分析，如果他们发现城市的生活水平不如农村理想，他们就会自动地离开城市。因此，市场能够通过自动调解达到均衡，使城市人口维持在相对合理的状态。[②] 为进一步研究究竟有多少农民工愿意永久性地居住在城市，有学者通过实证研究，对在外务工的农民工进行了抽样调查，结果显示，如果开放城市户口，仅有四分之一的农民工愿意放弃农村的土地，将户口迁移到自己打工的城市。

户籍开放是否会造成城市中的贫民窟？这一话题同样引来学术界的热议。有学者认为，中国目前实际上已经出现了贫民窟，取消户籍制度本身不会加剧贫民窟的出现；相反，取消户籍制度本身有助于缩小城乡之间的贫富差距，从整体上提升国民收入水平，从而避免更大范围的贫民窟的出现。"城市病"的另一方面表现在社会治安和社会稳定层面，放开户籍是否会加剧社会不安？有学者认为，尽管劳动力的自由流动可能带来一定程度上的社会治安问题，但压制人口流动所造成的社会不稳定性可能更为严峻。另有学者援引发达国家的案例，为取消户籍制度并未带来严重的社会问题提供事实依据。

二、"剥离论"：剥离户籍福利功能，还原户籍登记功能

20 世纪 80 年代末 90 年代初，学术界有关户籍制度改革的重点普遍集中于"农转非"和人口流动层面，对于户籍制度的福利性功能探讨较少。尽管有学者提出将户籍制度与住房分配等利益"脱钩"的改革目标，但学术界并未就户籍制度带来的福利方面的不平等性进行准确定义和明确阐释。到 20 世纪 90 年代末，受小城镇改革试点受挫等

① 党国英. 一亿农民工流动到何时［J］. 社会观察，2003（7）.
② 陆益龙. 户籍制度——控制与社会差别［M］. 北京：商务印书馆，2003.

的影响，学术界开始将视线转移到户籍制度的福利性功能上，剥离附加在户籍制度上的不合理规定和不平等利益开始成为户籍制度改革的首要目标。

这一阶段，学术界普遍认为，导致户籍制度弊病的根源在于户籍制度功能的异化。改革户籍制度的根本目的在于为户籍制度的功能纠偏，使其恢复本原的功能。不少学者认为，尽管户籍制度改革正在推进，但并未彻底改变计划经济时期遗留下来的社会管理制度，劳动、人事、教育、社会福利、司法等方面的资源分配和利益不公仍然在社会运转中起着支配性作用，户籍制度无论在结果公平上还是在机会平等上都存在明显的缺陷。有学者认为，现行户籍制度最大的问题在于不合理地强加在其上的利益分配功能，因此，推动户籍制度改革的根本举措在于重新明确和建立户籍制度的基本功能。另有学者提出，尽管改革开放及其后的持续改革，使户籍制度在劳动力流动方面的阻碍作用日渐弱化，但附着在户籍制度之上的福利待遇非但没有减少，反而在某些领域，由于属地化等原因还有所强化，业已成为户籍制度最核心、最坚实的部分。[①] 某城市郊区建制镇——老峰镇的实证研究表明，粘连在户籍制度上的各种价值和附加条件是户籍登记和管理问题的根源，因此，剥离这些粘连的价值和条件是户籍制度改革的必由之路[②]。

深化户籍制度改革的关键，是要剥离与户口类型相牵连的教育、医疗、社保等公共服务和社会福利。对户籍制度的功能进行重新定位，剥离与户籍制度相关联的利益不均，加强户籍行政管理的服务功能等。学者建议从统一户籍登记制度开始，逐步形成户口迁移制度，实行流动人口居住登记制度，寻找行政管理中科学的权利义务分配标准等途

① 王延中. 中国社会福利制度的发展及其对城市化的影响（下）[J]. 中国社会科学院研究生院学报，2010（3）.

② 陆益龙. 粘附与剥离：基层户籍管理中的问题与对策 [J]. 人口研究，2000（3）.

径来推进城市户籍制度改革。有学者指出，现行的户籍制度过于关注工具性的目标，即通过限制农村居民向城市的永久性迁移和社会福利的差异化配置来实现经济发展和社会稳定，户籍制度改革要从根本上放弃这些工具性的目标，将农村人口的迁移权和社会公平正义置于优先地位。[①] 户籍制度改革面临的压力和阻力，需要从公共服务供给的角度加以破解和消除，实现附着在户籍制度之上的公共服务和社会福利的均等化，满足非既得利益群体对公共服务的基本需求和社会福利的最大化，是保障户籍制度改革顺利推进的重要前提。然而，公共服务和社会福利均等化问题本身错综复杂，不可一蹴而就，需要更加深入的探索和研究。

此外，也有学者建议，在剥离与户籍制度相关联的特殊社会福利待遇的同时，降低城乡居民在公共服务方面的落差，从而为改革的推进和深化创造条件。一般地，只要各类公共产品和服务之间存在“补贴”差距，就会出现各式各样的“门槛”，户籍制度是其中的一个“大门槛”，即便在取消户籍制度之后，也仅仅意味着移除了一个“大门槛”，一些部门仍会花成本制造出更多的“小门槛”。[②] 因此，削弱户籍制度的影响乃至最终取消户籍制度的关键，在于尽快缩小城乡差异和地区之间的差距，促进各地区人口的均质化。事实上，近年来我国已经在推进这方面的努力，具体包括农村社会保障体系建设的推进，农民工纳入城市社会保障范畴等。

三、“准入论”：降低落户门槛，设置准入条件

现阶段，主张城市向农民开放已经成为共识，但学术界认为，开放的时机尚不成熟。具体而言，由于地区差异等因素，城市建设和管

① 彭希哲. 户籍制度改革的政治经济学思考［J］. 复旦学报（社会科学版），2009（3）.
② 王小鲁. 城市化与经济增长［J］. 经济社会体制比较，2005（2）.

理成本存在较大差异，不同城市的进入门槛高低不同，相对于小城镇而言，大城市在开放人口迁入的过程中需要预支一定的成本，从而避免可能出现的管理失衡。鉴于上述考虑，户籍制度改革应当坚持循序渐进的原则，可以通过设定准入标准等形式来避免短期内农村或外地人口的大量涌入。这些标准包括房产标准、在目标城市居住的时间长短等。认同这一观点的学者表示，设置门槛的目的在于人口自由流动和城市管理和规划之间起到平衡作用，一方面能够保护城市的发展，另一方面能够对涌入城市的人口进行适应性选择，从而降低因大量农村剩余劳动力向城市转移而带来的风险。具体而言，应当根据不同城镇的经济发展水平与对不同素质的劳动力的需求水平和吸纳能力，结合这些城镇目前的现实就业压力，设置高低不等的“门槛”，适度允许部分符合条件的流动人口办理暂住证或常住户口，逐步实现农村流动人口合理、有序、适度地向城市居民转变。

当然，为了尽可能多地保障在城市居住的农户或进城务工的农民工能够获得城市户口，降低城市的进入门槛急需成为推进改革的重要方式。主张降低落户门槛，设置准入条件的观点已经显现出较强的影响力，已经成为当前我国地方户籍制度改革实践过程中非常重要的政策建议。在实践中，已经或正在推进户籍制度改革的地方目前普遍以参考固定住处和稳定收入等基本条件的准入条件代替原来的指标管理，根据当地的实际情况设置准入门槛。

第四节　户籍制度改革的实施路径和对策建议

学术界对下一步户籍制度改革的建议，主要集中在如何剥离户籍福利、如何设置准入条件、农民进城落户问题、改革的实施路径和区域选择等方面。

一、关于如何剥离户籍福利

有关户籍制度改革的讨论持续已久，长期以来，“破除户籍制度的樊篱在于破除户籍特权”的主张已经成为学术界的普遍共识。如何将原来附着在户籍上的利益格局进行重新分配是户籍制度改革的难点所在，而户籍的登记与管理本身则不构成改革的难题。但打破利益格局、剥离附着利益的过程极其艰辛，这也决定了要改变我国二元户籍制度的现状，建立城乡统一的一元户籍制度，需要经历一个漫长的过程。有学者研究表明，户籍制度改革是不同主体相互博弈的产物，受历史条件的影响，不同博弈主体之间的谈判能力存在强弱，而后者决定了博弈的结果。事实上，不少学者已经意识到这一点，但遗憾的是，现有的绝大部分研究并未给出剥离利益的具体举措或建议，而这恰恰是眼下改革的真正难题。

目前，多数城市都将户籍制度改革的重点关注于取消“农业”和“非农业”户籍的分类上，忽视了对附着在户籍管理上的附加职能的剥离。同时，最初建立的城镇职工养老保险制度和城镇职工基本医疗保险制度的保障对象均为城镇职工，不包含外来进城打工的农民工，这种碎片化的社会保障制度导致农民工无法在城市立足，土地仍然是其最终的生活保障，农村居民对土地的高度依赖反过来又成为实现城镇化的制度障碍。面对外来务工者社会保障缺失或不充分的情况，有学者呼吁国家尽快建立健全劳动力市场的监测机制，通过行政、立法等手段规范用工单位和农民工的雇佣关系，构建合理、有序的劳动力市场。

剥离户籍管理的附加职能，至少应当包含两个方面：一是改革现有制度，实现就业、医疗、教育、社保、住房等公共服务和社会保障的均等化；二是完善公共政策，约束政府权力，剥离户籍制度为政府部门带来的好处，转变政府的行为方式，加强公共服务过程的公开化和透明化。不过，由于当前的就业、医疗、教育、社保、住房等方面的改革受到法律法规和利益格局的牵制，在短期内难以迅速、有效地取得明显的进展，但是，如果不将这些公共利益与户籍制度相分离，单独改革户籍制度，可能会适得其反。

学术界对此表示认同，有学者指出，各项制度之间密切相关，有效推进城镇化的制度建设无疑是一项复杂的系统工程。例如，对与户籍制度相关联的就业、教育、社保等制度进行剥离和综合治理的关键是取消由城乡居民、本地人和外地人之间的身份和地域差异所导致的权利不平等，否则，即便取消户籍制度，仍会有其他更为隐蔽的歧视性政策取而代之。[①] 进一步地，在剥离户籍管理附加职能的同时，还需要建立健全就业、教育、社保等配套制度的改革。同样，户籍管理只有在剥离了附加职能之后，才能回归其原本服务于人口信息统计的基本职能，逐渐消除其对人口迁移权利的限制，缓解现阶段人口城镇化过程当中的制度性障碍。

那么，学术界又提出了哪些具体的方法和措施来解决户籍制度改革的核心问题呢？有学者提出在推进户籍制度改革的过程中，同时改革与户籍相关的十几个部门，相关部门的改革推进得越快，附加在户籍管理之上的附加职能就能越快地被剥离出去，户籍制度改革的进程就能更快地推进。总结起来，即“全盘统筹，分进合击，稳步推进，更加和谐”。当然，统筹十几个部门的改革步伐并非易事，有赖于国务院制定原则性的规范并进行统筹管理，明确各个部门的改革路线图和时间进程表，有计划地给户籍制度“减负”。简言之，当这些负担都被卸掉之后，户籍制度改革也就水到渠成了。有学者主张建立相关福利制度的对接运行机制，确保相关福利制度在脱离了户籍制度之后能够

---

① 杨学成，汪冬梅. 我国不同规模城市的经济效率和经济成长力的实证研究［J］. 管理世界，2002（4）.

独立运行。

二、关于如何设置准入条件

放松城市的户籍管理是今后一个时期户籍制度改革的大势所趋，其目标在于使更多流动人口，特别是那些常年在外打工的劳动者能够享受到与户籍人口相同或相近的公共服务。户籍制度的放开是否会带来“城市病”这一问题在学术界尚存争议。尽管一些学者认为，“城市病”并不会因为户籍制度改革而成为一个大问题，但仍有大批学者主张在户籍制度改革的同时制定预防“城市病”的方案，如设置准入门槛，防止大规模的人口涌入。有学者对不同城市的落户门槛进行比较后发现，不同城市的落户门槛在“质”上比较一致，但在“度”上仍存在较大差别。围绕落户条件展开的户籍制度改革，体现了地方在争夺发展资源、重新配置公共资源的过程中所展开的利益博弈。

另有学者研究了城市中的政府部门与外来人口之间的博弈均衡模型，指出：城市人力资源回报率越高、对本地市民征税的税率越高、人力资本对本地GDP增长的作用越明显，当地政府制定的户籍制度的门槛就越低，即三个指标与户籍制度限制的严格程度呈负相关；同时，政府对当地市民福利增长的重视程度（相对于GDP增长）越高，当地对户籍制度的限制越高，两者呈正相关关系；此外，户籍制度的限制程度还与周边地区对流动人口的吸引力有关，城市周边地区对外来流动人口的吸引力越大，城市本身对户籍制度限制的门槛会相对较低。[①] 最常见的建议就是通过设置经济门槛来限制农民工取得市民身份。学者提到的经济门槛主要包括住房、职业、收入、工作年限等。学者认为，和户籍制度这样的强控制手段相比，用这类经济门槛来调控人口

① 汪立鑫，王彬彬，黄文佳. 中国城市政府户籍限制政策的一个解释模型：增长与民生的权衡［J］. 经济研究，2010（11）.

流动是一种进步。

有学者们认为，应从少到多，逐步满足希望迁移到务工城镇的公民的自由迁移权。具体而言，在户籍制度原有的准迁条件的基础上，增设一些条款，如只要在城镇拥有固定职业、稳定收入和住房达到三年以上的，就可以落户；五年以上的亲属也可以随迁落户。[①] 可以将事实常住人口和流动人口分类对待，事实常住人口不会明显地增加城市基础设施、住房和就业压力，可以考虑让其办理尝试常住户口；流动人口不确定性强，各城镇可以根据当地的实际情况，综合考虑拟落户流动人口的年龄、特长、受教育程度、专业、职称、业绩以及个人在当地的投资情况等，设定不同程度的进城“门槛”，从而吸纳符合标准的流动人口落户。也有学者们主张通过控制住房来控制城市人口的数量，并为户籍制度改革设计出详尽的技术路线。[②]

国务院发展研究中心课题组提出，当前正在推进的户籍制度改革应该遵循权利与义务对等的原则，具体而言，就是将原来“高门槛、一次性”的户籍管理方式转变为“低门槛、渐进式”的权益获得形式。所谓的“低门槛、渐进式”，就是申请人只要满足拟迁入地的最低居住条件，即可办理居住证，并享受与当地户籍人口同等的选举权、就业权、参加社会保险的权利，以及义务教育和基本免费的初级卫生保健等权益；在满足一定年限的社会保险参保或缴税后，可以拥有被选举权、最低生活保障和保障性住房等社会救助项目；针对部分大城市或特大城市将户籍制度与高考资格、特殊行业就业资格等相挂钩的情况，可以通过科学、合理的替代性管理手段，有条件地向非户籍人口开放。[③]

开放户籍制度后，可能使人口流入较多的城市面临社会总体承受

① 张平，林梓. 场经济的发展与我国户籍制度的改革［J］. 人口与经济，2000（6）.

② 党国英. 一位经济学家的户籍制度改革方案［N］. 华夏时报，2010-03-06：27.

③ 国务院发展研究中心课题组. 梯度推进户籍改革，实现权利实质平等［N］. 中国经济时报，2010-06-09.

能力不足的困境。对此，可以按照权利与义务对等的原则，为流动人口转变为市民身份提供合理的时间门槛和进入途径；具体而言，在城市工作生活的时间越长、履行的义务越多，对城市经济社会建设的贡献越大的流动人口，所能享受到的公共服务和社会福利也应当相对较多。从法律的角度考察如何推进城镇化的问题，首要解决的是已经生活在城市当中的流动人口和暂住人口的居留权问题。

三、关于农民进城落户问题

农民向市民的身份转变，不仅会为城市社会生活带来一定的影响，原本属于农村居民的土地如何才能得到妥善的处置同样是实务界和学术界讨论的焦点。与之相伴随的，是如何深化农村集体经济产权制度改革以及如何有序加快城乡一体化进程的两个重要议题。户籍制度改革只能实现“治标”的目的，真正实现土地管理制度改革才能“治本”；农村土地集体所有制是当前农村生产关系中的核心部分，关系着未来中国整体改革的方向。有学者进一步指出，户籍制度与土地制度必须联动改革，而这种联动改革本身将为中国未来的改革提供新的动力。建立全国统一的土地要素市场和人力资源要素市场，是户籍制度改革成功的重要保障，而形成上述两种市场的基本前提是土地作为生产要素在全国范围内的流通和市场化配置，以及全国统一的社会保障制度的形成和建立。

由于农村居民普遍缺乏充分的社会保障待遇，因此，土地始终是农村居民生活保障的最后防线。相应地，在对农民的土地做出调整的同时，应当考虑土地所肩负起的社会保障和失业保险功能。有学者指出，随着农民工社会保障制度的实行，拥有土地又外出务工的农民可能有社会双重保险之嫌，因此，提出了以土地换社保的想法。如何解决新加入城市户籍外来人口的社会保障问题？有学者呼吁所有获得城市户口的新居民，都应当加入城镇基本社会保险；已经放弃农村承包地或宅基地的进城农民，应当被纳入城镇最低生活保障对象的范围。也有学者提出，符合准入门槛且放弃农村承包地的农民可以加入城市户口，同时享有包括子女教育、廉租房、城市最低生活保障等在内的“城市福利包”。通过转变户籍来为进城务工的农民工提供与市民同等的社会福利待遇，已经成为学术界的共识，同时，集体应当对农民放弃的土地进行再次分配，以此扩大农村居民的经营规模。

有学者建议，为农民工制定以“土地换保障”为主的多种形式的“实物换保障”政策，如以农村土地换城市住房等；一旦在大城市的郊区或在一些中小城市的市区拥有住房，户籍问题也能够迎刃而解。允许城郊的农村集体建设用地入市，则是学者们提出的另一条政策途径。允许农村土地入市，能够降低城市的地价和房价，从而减轻流动人口在城市的住房压力；随着户籍制度改革的深入，越来越多的农村流动人口将转移到城市落户，土地入市也有助于解决迁出地区的农地处理问题。在土地制度和户籍制度联动改革方面，关键是建立地区间土地利用指标的交易机制，同时，实现劳动力和土地指标一起流动，让更多的劳动力享受到经济集聚的收益。在农民身份转变为市民身份时，应当循序渐进地使其退出原有土地；对于举家迁移并在城镇落户的农户，农村集体应当一次性收回土地承包权并进行再分配；对于农户家庭中部分成员落户城镇的情况，应当采取自愿退出的原则；但同时应当制定配套政策鼓励举家迁移，尤其是迁入小城镇，从而收回农村土地。

上述“农民进城落户必须放弃土地”的论点，几乎在同一时间遭到了部分官员和学者的批判。他们认为，在我国当前城市社会保障制度还未完善之前，需慎重采用让农民放弃农村土地取得城市户籍的做法，这样容易造成农民的福利损失。“土地换社保”不仅制造了新的社会不公，损害农民利益，而且会威胁到“耕地红线”和粮食安全。土地改革必须坚持城市户籍对农民完全开放，允许农民在获得城市户口的同时，保留农村土地。支持这一观点的学者进一步指出，社会保障本来需要由政府来提供，让农民用土地换社保有悖于公平原则，后患无穷，土地流转也未必需要卖断产权。有学者对北京市朝阳区农村社区向城市社区转型以及农民市民化过程中的农村集体经济产权制度改革进展情况进行调研后指出，农民在保留集体资产的同时，也可以成为完全意义上的"市民"，要求农民在获得市民身份和社会保障的同时以放弃对集体土地权利的分享为代价，剥夺了农民可持续发展的条件，显失公平。①

其实，户籍制度改革后，部分农民失去土地的后果学术研究和现实中早有证明。尤其是在农村集体土地被大量征用，而现行失地农民补偿和安置措施尚不完善的情况下，一方面不少被征地农民承受着补偿标准低、分配不公平、安置不妥当等压力，另一方面因为自身文化程度有限、劳动技能单一，在失去土地后不得不面对严峻的生存和生活挑战。征地制度的缺陷与征地补偿分配中的监督缺失，使部分失地农民面临着失地、失业和创业难的多重艰辛，徘徊在生存线的边缘。

四、户籍制度改革实施的区域选择和逻辑顺序

当前，学术界对户籍改革的区域选择和逻辑顺序，争议较大，有的内含我国城镇化战略的争论。根据内容，这些争论集中在开放小城镇、中小城市还是大城市户籍的问题上。

20 世纪 80 年代，户籍制度改革被提上日程，小城镇战略开始成为学术界关注的焦点，不少学者赞成小城镇战略，并将其视为实现中国城镇化进程的主要道路。在户籍制度改革初期，费孝通先生曾提出在现有户籍制度的框架下，通过"离土不离乡"的方式发展小城镇，

① 韩俊等. 农民不需要"以土地换市民身份"——北京市朝阳区农村集体经济产权制度改革调查［J］. 中国发展观察，2008（7）.

解决农村剩余劳动力的转移问题。支持小城镇战略的学者表示，首先对社会系统结构简单、历史遗留问题较少的小城镇进行改革和重建是户籍制度改革较好的切入点：一方面，户籍制度改革政策性强、涉及面广，依托于一系列配套制度的改革，直接在全国范围内推行难度太大；另一方面，较之大、中小城市而言，小城镇的结构简单，较少存在旧体制遗留问题，小城镇的规划和设计受到的重视程度相对较低，不至于对改革带来较大的阻力和负担。小城镇战略的优势显而易见，有利于更好地实现城镇和乡村生态建设以及污染的综合治理，有利于集聚原本分布在自然村落中的零散企业，发挥县城和县城中心镇对周边资源和劳动力的吸引力和带动力。小城镇在土地利用方面的潜力以及对特定劳动力的需求为小城镇战略提供了另一种解释，具体而言，在土地资源方面，目前我国已经有相当数量的大、中小城市，这些城市的人均建设费用比较集中且处于较高水平，超出了我国当前的投入能力；同时，大、中小城市的扩张式发展，对耕地的需求也在水涨船高；相比之下，虽然小城镇的土地利用率尚不及大、中小城市，但这种低效率总体表现在土地存量上，如果有效改善土地管理，在土地增量上尚大有文章可做；在劳动力方面，大、中小城市的经济建设主要以现代化产业为核心，而农村剩余劳动力普遍存在受教育程度有限、文化素质不高、技能单一等特征，既无法满足现代化产业对高素质劳动力的需求，又面临着与城市高素质劳动力竞争的压力，而这种劳动力需求与供给的矛盾在小城镇却不那么明显。

然而，小城镇战略的提出并非一帆风顺，20 世纪末，开始出现对小城镇战略的质疑。而这些质疑恰恰源于小城镇战略在推进过程中出现的一些“反常”现象。1997 年，国家在小城镇进行了户籍制度改革试点，在与专家的预测和学界的预期相反的是改革开始后，并没有发生农民大规模迁入小城镇的情况。这不得不引起学术界对小城镇战略的反思。小城镇改革中存在两个误区：一是将城市化等同于城乡一体化；二是将城市化等同于城镇化。城市化是社会化、市场化的过程，不是人为操纵的结果。但是，中国当前推行的小城镇城市化，在很大程度上受到主观因素的影响。就业机会的充分程度可以视为衡量城镇化水平和城镇化质量的关键指标。事实上，在农民迁移到小城镇的同时，必须放弃其在农村的责任田，然而却得不到与小城镇居民同等的福利待遇，从而不得不承受更高的生活成本和风险。不少学者支持这一观点，认为迁入小城镇的农民非但不能在生活上有较好的改善，同时还失去了土地保障，城市福利制度的排他性使农民不得不承受城市生活的高风险和高成本，他们失去的责任田和宅基地，实际上只换来了一个户籍“名分”，却没有得到实实在在的社会保障。

小城镇战略没有达到预期的目标，当前应该选择什么方案就成了学界争论的话题。归纳起来，主要有以下五种论点：

（1）大城市论。随着小城镇户籍制度改革受到阻力，越来越多的学者开始将目标瞄准大城市，提出只有拥有更多就业机会的大城市才应该是人口流动的目的地。不少学者的实证研究表明，具有迁移意愿的农民工更希望留在大城市，相比于小城镇，大城市的优势更加明显。无论是在节约能源与保护环境还是在提高经济效益与提高生活水平等方面，大城市都具备比小城镇更好的发展状况和发展条件，也正因如此，有学者主张将扶持大中城市作为我国城镇化战略的主攻方向。有学者认为，只对中小城市进行户籍制度改革的意义比较有限，大城市不但能够创造更多的就业机会，而且不少来自农村或其他城市的流动人口已经在大城市或特大城市务工；这也顺应了中国当前所处的集聚经济和城市规模经济的特定发展阶段。大城市户籍制度改革的普遍做法是，地方政府对不同质量和素质的劳动力落户问题进行区别对待。2002 年以来，以石家庄为代表的一批大中城市甚至省会城市开始进行户籍制度改革，逐渐放开城市户口。不过，在北京、上海等特大城市，城市户籍仍需要根据劳动力的素质有选择性地开放，通常只有高层次人才才具备落户的可能性，农民工很难在这些特大城市获得城市户籍。

（2）中小城市论。尽管不少学者将户籍制度改革的对象瞄准了大城市，但也有学者将目光转移到中小城市。有学者主张将户籍制度改革的重点落脚在县级城市。一方面，在城镇体系中，县级城市连接着城乡两个市场，具备相对齐全的城市功能，能够直接吸纳农村剩余劳动力，发展第二、第三产业；另一方面，县级城市基本上已经完成了户籍制度与相关福利待遇和特殊利益的剥离，相比于大城市，县级城市的进入门槛较低，城乡二元分割的特征不是特别明显，因此，可以将其作为实现公民自由迁移和居住权的目的地。

（3）梯度开放论。这一观点将户籍制度改革与我国的基本国情联系起来。我国幅员辽阔、地区间经济发展水平梯度较大，由于在发展过程中出现的问题不尽相同，所以户籍制度改革不能“一刀切”，而应当采取“举措配套、平稳过渡、先易后难、局部突破”的方式逐步推进。梯度开放实际上沿袭了20世纪80年代小城镇户籍改革的思路，认为目前我国尚不具备全盘更新户籍制度的条件，也无法满足人口的自由迁徙，在此情况下，可以通过循序渐进的方式，按照从小城镇到中等城市再到大城市或者小城镇、中小城市、大城市、特大城市的顺序呈梯度式地进行户籍改革。城市等级对于划分户籍制度改革的先后秩序具有重要意义，在户籍制度的改革过程中，必须承认地区间的发展差异，因地制宜，层层升级，有序推进改革进程；地方政府应当制定与本辖区实际情况相适应的户籍制度改革方案；现阶段，建议小城市完全放开户口限制，大城市和特大城市则需要进行适当的人口控制，但紧缺人才不受此限制。

（4）并举论。主张并举论的学者认为，开放大城市应当与小城镇的发展并重。但小城镇的发展不能成为人为的主观强求的结果，而需要以当地的经济基础为前提。现阶段我国农村需要向外转移的人口规模庞大，仅仅依靠大中城市不足以容纳全部的转移人口，因此，必须采取“两条腿走路”的方针，各级规模城镇协调发展。[①]

（5）市场调节论。持这一观点的学者提出，市场能够通过自动调节和资源配置来决定当前应当发展什么样的城市并带动相应的户籍制度改革，即以市场配置资源机制为主、户籍制度改革为辅的方式，来推进城镇化进程。这些观点主张，劳动力流动和新兴城镇建设都需要遵循市场原则，户籍制度改革只是市场机制的辅助和补充，从而在两者的协调互补下制订出最佳方案。据此，户籍制度发挥的是工具性的作用。

五、户籍制度改革的主要内容和时机选择

城乡户籍制度一体化已经成为大势所趋。如何选择改革的主要任务？一种意见认为，应当立即废除城乡二元户籍制度，建立城乡统一的户籍登记制度，从法律的高度取消导致城乡分割的各种户籍类型；在此基础上，剥离附着在户籍上的各种特权利益，实现利益、福利与户口“脱钩”。另一种意见则认为，户籍改革应循序渐进，目前，各个地区在就业、社保、医疗、教育等公共资源的供给能力参差不齐，“一刀切”的贸然性政策往往达不到预期效果，在政策执行过程中，应当因地制宜地推行户籍制度的渐进式改革。

有学者认为，改革应双方推动，一方面，剥离与城市户口相挂钩的社保、福利等优厚待遇，逐步降低甚至取消城市户口的“含金量”；另一方面，逐步放松农村户口向城镇或中小城市迁移的限制；现阶段，应当允许常住人口、暂住人口、寄住人口三种户籍形式同时存在，但必须明确不同户籍所有者相应的权利和义务。在剥离户籍制度的相关福利时，需要适当地采取“强制性方式”，迅速、果断地“打断”户籍制度与福利之间的联系，只有当两者能够真正独立运行时，户籍制度

---

① 许经勇. 城乡户籍制度下的农村城镇化与农民工［J］. 财经研究，2003（12）.

改革才有可能推向深入。有学者建议政府通过配套的土地制度改革，如允许城郊的农村集体建设用地入市等，来有效地降低城市的地价、房价，从而将解决外来人口的住房问题作为户籍制度改革的突破口。还有学者建议，按照居住地登记户口的原则，取消类似红印、蓝印之类的差别性户籍，在全国范围内建立城乡统筹的户籍登记制度。

有学者指出，户籍制度改革的重点应当关注于培育彻底改革所需的条件上。具体而言，原有大中城市应当着力强化现有改革，实现劳动力的重新组合与优化配置，避免加重大多数城市面临的人口过剩问题；新建市和广大小城镇、集镇，则应当采取新人用新法的方式，通过职业收入、住所等进行人口管理，引导生产要素的适度集聚。也有学者认为，简单地取消管制并不是户籍制度改革的方向，改革的目的应当是将原有粗糙但统一化的国家管制转变为更精确但差异化的地方管制。

自由迁徙权利的保障同样不在一朝一夕，而是需要与迁入地的经济社会发展水平与城市综合承受能力相适应。如何选择改革的时机？有学者提出“两步走”方案。第一步，首先建立统一的户籍管理制度，按照常住地完成居民户口登记；第二步，逐步取消捆绑在城乡户口上的各项福利制度，推动城乡基本公共服务均等化，最终消灭二元分割的户籍管理制度。渐进式的户籍制度和相关福利制度的改革是由中国各地区经济社会发展的不平衡决定的，在改革过程中，应当采取“老人老办法，新人新办法”的做法，分批次放宽管制，逐步完成人口迁移；渐进式的改革过程还有助于地方政府及时应对迁移过程中出现的问题，并做出适应性的调整。同时，学者建议首先解决好两类人群的户籍问题：一是在渐进式转移的过程中，可以优先考虑对城市公共资源的增量需求较低的人群，如长年在该城市打工的农民工；二是应优先考虑需要城市户籍的群体，如在大城市打工的农民工的直系亲属等。

六、其他改革建议

近年来，不少学者从城乡一体化的视角出发，探讨户籍制度变迁的路径。这些学者从我国户籍制度变迁的历史及其改革进程出发，指出我国户籍制度改革的终极目标就是要建立城乡一元化的户籍管理制度。

有学者提出，政府应当通过新出台的“户籍法”废除目前各类限制自由迁徙的限制，如收入、住房和学历等，明确公民拥有依法迁徙的自由。有学者提出实行“居民身份证管理制度和户口簿双轨制管理制度”，实行“双轨制”管理可以实现城市内的分区管理，如将城市划分为减压地区、有控制的发展地区和大力发展地区，因地制宜，因势利导，正确引导农村居民向城市流动。还有学者建议在我国实施公民社会保障联号工程，由于公民的社会保障联号与身份证号码一致，因此，可以根据这种“一人一号”式的管理，通过电子计算机管理系统建立数字化的公民社会保障联号管理中心，并与其他社会管理系统对接，实现公民社会活动的信息收集、储存和处理，从而解决人口流动构成中的身份识别和人口管理等问题。

第五节　对研究现状的简要评述

一、户籍制度改革研究的分期

从 20 世纪 80 年代后期学术界开始关注户籍制度开始，户籍制度研究大体经历了两个阶段，这是与我国户籍制度改革历程密切相关的。

第一个阶段是从 20 世纪 80 年代后期至 90 年代末期，也就是从民工潮得到关注到小城镇户籍制度试点改革启动，这个阶段户籍制度的研究处于初期，主要围绕的问题是流动人口管理问题和“农转非”问题。

第二个阶段是从 20 世纪 90 年代末期至今，伴随着城镇化进程的加快，学界研究的内容逐渐增多，关注对象也更加广泛，主要有：①城镇化、小城镇战略；②户籍制度上附着的不平等利益；③农民工问题；④户籍制度配套制度的改革，例如农村土地制度，社会保障体系；⑤流动人口的管理；⑥和户籍制度改革相关的其他具体问题，例如计划生育政策等。剥离附着在户口上的不平等利益成为关注的焦点之一，它也是区别两个阶段户籍制度改革研究的重要因素。

总体来看，第二个阶段较第一个阶段而言，触及了户籍制度改革的本质，即户籍制度改革的难点和最重要的目标是剥离附着在城乡户口上的不平等福利和利益。尽管在户籍改革实施的区域选择、逻辑顺序和时机把握上，学界还存在不少争议，但户籍改革相关的研究学者在户籍改革的目标上基本达成一致，即要剥离户籍福利、实现城乡户籍一元化管理，真正实现人口自由迁徙和享受均等化的基本公共服务。在当前改革条件还未成熟的条件下，多数学者的建议是为不同规模和等级的城市设计准入门槛，以防止流动人口的大规模涌入而出现的“城市病”以及社会不稳定。

关于农民进城落户的问题，由于农民市民化涉及农村土地制度、社会保障制度等重大制度变革，学术界争议较大，在农民进城落户后是否必须放弃土地这一问题上甚至出现了激烈的观点交锋。离土进城，换来城市的社会保障，对农民是否公平；带土进城，农民拥有城乡两处资源，对市民能否交代？这些都值得进一步深入研究。

二、当前研究存在的缺陷和误区

目前，社会上对推进户籍制度改革的呼声越来越高。然而，为什么几十年来户籍制度改革一直没有根本性突破，二元户籍制度能够长期维系呢？从改革的思路来看，过去的改革，无论是放宽入户条件，还是实行所谓的居住证、积分入户政策，都错在用“三个捆绑”的改革思路：一是将户籍与人口迁移捆绑，人为设定户籍准入门槛，改革措施始终跳不出门槛思维；二是将户籍与城镇福利捆绑，人为制造福利差距，改革措施始终解决不了福利歧视；三是将户籍与土地捆绑，人为限制人口流动，改革措施始终保证不了农民利益。“三个捆绑”的户籍改革始终跳不出传统户籍管理——用“户籍”管住人的“怪圈”，不完全符合以人为本、以人为主体的基本准则。“三个捆绑”使不断“开口子”或者“放松”的户籍改革总是事倍功半甚至适得其反，进而不可能形成一元化户籍制度。

综合考察当前理论界乃至各地的户籍改革方案，笔者认为当前的研究和改革实践存在一些重大误区，必须予以澄清。主要表现在以下三个方面：

一是无法割舍的“户口情结”。从当前有关户籍改革的研究现状来看，历史上逐渐形成和演化的我国户籍制度对人们的思维和行动影响巨大，以至于人们存在着强烈的“户口情结”,“进城”“落户”之说尤为盛行，各种人群也被划分为户籍人口、常住人口、暂住人口等不同称谓的群体。户籍管理和福利配置也基本按照上述人口类别来实现。尽管大家都知道一纸户籍只是“标”而不是“本”，户籍改革关键在于治本，即剥离户籍所含福利，并且实现福利的均等化配置，但是，大多数学者为户籍改革开出的“药方”却对如何剥离户籍福利语焉不详，而是希望通过降低入户门槛来使更多的人享受城市福利。尽管有着各类人群实现迁徙自由、平等享有公共福利的目标和愿望，但这种愿望是通过低等级福利的地区和人群提高自身条件，以跨越高福利地区设定的入户门槛来实现的。无疑，迁徙自由、公平身份的目标不是“天赋”的，而是需要个体努力的。因此，只要户籍与福利不“脱钩”，还存在不同性质的户口，就无法实现户口一元化改革目标，达到由户口管理向人口管理的转变。

二是将“保障”错当作“福利”。在当前我国城乡之间、区域之间公共基础设施、文化教育、医疗卫生、社会保障等基本公共服务还存在较大差距、改革发展正当其时时，城市的公共服务与社会保障优势被当成相对于其他地区的“福利”，特别是城市的教育资源、住房保障和低保三种类别最具有“含金量”。多数研究者没有看到，随着教育改革的不断深化，城市的教育资源正越来越多地向本地户籍之外的人开放和接纳，而保障性住房和低保的保障对象是城市里的低收入群体，是对他们基本生活的“保障”而不是“福利”。保障条件主要是经济条件，判别标准主要是看是否属于低收入者，而不是城市户籍，且条件严格，需要排队等候。因此，长期来看，“落户”城市并没有多少“福利”可言，只是保障基本生存需要。

三是错判形势的“门槛”思维。一方面，随着住房、福利、医疗保险、劳动就业等改革的不断推进，城镇居民已基本丧失了原先享有的各种福利。我国不少城市都将公共服务和社会保障扩展至所有常住人口，并将外来常住人口称为“新市民”，外来人口受歧视、被管制、少服务的局面大大改观，很多方面已与户籍人口无异。另一方面，广大流动人口特别是农民工的农村土地越来越值钱、农村公共产品日益丰富、农村环境和公共服务不断改善。在当前城市户籍的含金量已大大降低而农村户籍的增值潜力正不断积蓄，即城乡之间、地区之间的福利级差正日趋缩小甚至可能会发生逆转的情况下，传统的入户“门槛”思维必然不能适应新的社会形势，并将严重阻碍劳动力资源的充分流动和合理配置，不利于城市的长期发展。当前各地存在的福利级差，在很大程度上是由于政府的公共服务和社会保障改革发展的滞后以及农村土地资源市场化潜能未能发挥的结果，但是，减少这些福利级差的努力和成效是值得期待的。

第三章　我国的户籍制度：制度变迁与内生机制

第一节　户籍制度的内涵及特征

一、户籍制度的内涵界定

一般而言，狭义的户籍制度特指户口的基本管理制度，其主要内容包括户口的登记和迁移管理，户口的统计以及对常住和暂住人口的管理等。我国当代的户籍制度，除了具有户籍制度的一般功能以外，户籍本身还连接着一系列社会经济管理制度，使户籍具有身份识别、资源配置和财富分配的功能。

由于我国户籍制度不单指一般意义上的户籍管理制度，而是包含了许多政治经济和法律制度在内的更广义的户籍制度，因此，本书所要研究的户籍管理制度更具有广义概念，不仅要研究户籍管理制度本身，更要分析与户籍制度密切关联的其他社会经济制度。从当前推进我国户籍制度改革的难点来看，在某种程度上可以认为，这些依附在户籍制度之上的制度因素改革的必要性更大。

二、户籍制度的特征

我国当代户籍制度从形成、完备到弱化已逾半个世纪，伴随改革开放过程的户籍制度也在不断改革完善，户籍制度本身也发生了很大的变化。迄今为止，传统户籍制度的一些基本特征还依然保持着。

（一）城乡二元性

1958 年《中华人民共和国户口登记条例》把户口分为非农业户口和农业户口两种形式。这种户口划分在客观上对农民和市民之间形成了两个不同的身份群体，把人口人为地标示身份和强制隔阂，以法律形式严格限制农民进入城市，同时也限制城市间人口流动。农村人口转为城市人口非常困难，户口迁移受到严格的指标限制，农民落户城镇一般只有通过上大学、参军、招工少数几种渠道才能实现。在这之后，我国政府又颁布一系列与户籍管理相关的法律、法规和政策，中国特色的二元户籍制度逐渐形成和不断强化。①

随着改革深入，虽然我国城乡之间的界限已不再那么明显，但农业户口与非农业户口的划分标准却始终没有改变，传统的身份制度仍然根深蒂固地存在，农民的身份转变仍然受到严格限制，城乡居民之间的福利待遇还存在较大差别。

（二）限制流动性

限制人口流动是现行户籍管理制度的显著特点。当前，我国城乡之间、地区之间人口流动越来越频繁，但是，应当看到这种人口流动仅仅是一种关乎职业的区域间人口短期流动就业，而与人口迁移定居的长期流动关系不十分紧密。人口迁移落户这种特殊的人口流动形式，目前在我国还面临很多制约因素，需要办理相当多的手续和证明。城乡之间、区域之间户口性质的差别使基于户口迁移的人口流动变得异

---

① 张庆五. 户口迁移与流动人口论丛［J］. 公安大学学报，1994.

常艰难。这些都构成了我国农村人口转移落户的制度障碍，严重影响了我国的城镇化进程。

（三）利益分配性

就内容而言，我国目前的户籍制度不仅包括基本的人口信息登记与管理功能，城镇劳动就业、社会福利、教育、住房等社会管理制度也和户籍制度紧密关联。就功能而言，现行户籍制度不仅具有人口数据统计和户籍登记管理基本功能，还承担了资源配置、利益分配、控制迁徙等诸多附加功能，并且逐步形成了一种户籍与身份、权益、地位相结合的社会分层体制。在这些体制下，城市户口不仅是一种象征身份和地位的虚拟资源，也在社会利益分配中获取了很多实实在在的福利和利益，而外来人口在城镇的各项权益往往很难得到充分保障。由于既得利益的存在并且具有某种意义上的福利黏性，因此，原已存在的地区分割和城乡差别被进一步维持，地区之间特别是城乡之间的人口迁移限制一直顽固地存在。

（四）身份继承性

当代户籍制度从建立至今，期间经历了不少修改和完善，但是，传统户籍制度的身份继承特征一直保留下来。户籍身份世袭流传，取得户籍的依据不是居住地点或职业类别，而是家庭身份的延续。更确切地讲，是母亲身份的延续。这项规定由来已久，从 1958 年确立实施到 1998 年修改完善，整整实行了 40 余年。此后，公安部出台政策，对婴儿的落户采取了随父随母自愿的原则。即使这样，也改变不了我国户籍制度的身份世袭的特性，以及附着在身份之上的权益差别。

第二节　户籍制度的形成和巩固

中华人民共和国成立后，我国户籍制度从酝酿形成到基本建立再到逐步定型和完善，走过了 20 多个春秋。以 1958 年《中华人民共和国户口登记条例》的颁布为界，可以明显划分为如下两个主要阶段。

一、户籍制度的酝酿和形成过程（1949~1957 年）

中华人民共和国成立之初，我国的户籍管理制度总体上呈现由重视公民的自由迁徙权到限制人口流动的政策取向。这期间，最初形成的全国统一的城市户口管理法规，对人口出生、死亡、迁出、迁入社会变动等形成了一套管理办法，并没有对人口流动进行限制。但随着粮食统购统销政策的实施，户口类别正式划分为非农业户口和农业户口，二元户籍管理制度由此形成。城乡户口管理工作也由最初的多头管理到归总由公安部门主管。后来，随着城乡之间人口流动形势不断加快，管理部门逐渐开始对人口流动进行限制，户籍政策逐渐成为城镇政府控制外来人口进入城镇居住和就业的工具（如表 3–1 所示）。

表 3–1　户籍制度的酝酿和形成过程（1949~1956 年）

时间	政策文件	主要内容及特点
1949 年 9 月 29 日	《中国人民政治协商会议共同纲领》	首次明确了迁徙自由的价值取向
1951 年 7 月 16 日	《城镇户口管理暂行条例》	我国第一次制定全国统一的城市户口管理法规，是新中国城市统一户籍管理制度开始形成的标志
1953 年	《关于制止农村人口盲目流入城市的指示》	严格禁止企业单位从农村招工，在城市建立收容站，把进城农民遣送原籍
1954 年 9 月 20 日	《中华人民共和国宪法》	明确规定："中华人民共和国公民有居住和迁徙的自由。"

续表

时间	政策文件	主要内容及特点
1955 年	《关于城乡划分标准的规定》	划分农业与非农业人口
1955 年 6 月 9 日	《关于建立经常户口登记制度的指示》	规定全国户口管理行政工作由内务部和县级以上人民委员会的民政部门主管
1956 年 2 月		全国的户口登记管理工作及人口资料的统计汇总业务由内务部和各级民政部门全部移交给各级公安机关，至此，全国城乡的户籍管理机构得到了统一
1956 年 12 月 30 日	《关于防止农村人口盲目外流的指示》	农民向城市流动被称为“盲流”，受到严格限制

资料来源：根据有关历史资料整理。

二、户籍制度建立和巩固过程（1958~1977 年）

以 1958 年《中华人民共和国户口登记条例》的公布实施为标志，我国户籍管理制度正式确立起来。这项关于我国每个家庭、每个公民的重要法规，其主要内容有：对户口管理的程序进行规范，公民户口登记成为原则性要求；将我国的户口性质划分为农业户口和非农业户口两种类型。此外，条例还从政策角度明确提出要限制城乡之间人口流动和迁移。①

这一时期户籍管理的显著特点是对农民向城市流动的严格控制。1958~1978 年，农村人口向城镇的流动被严格限制，而大量的城镇人口在中央“上山下乡”政策的引导下，大批向农村转移。这是我国历史上第一次反城镇化运动。而 1975 年的《宪法》甚至不再规定公民享有居住和迁徙自由权利，从宪法层面强化了政府对人口流动的限制②（如表 3-2 所示）。

① 殷志静，郁奇虹. 中国户籍制度改革［M］. 北京：中国政法大学出版社，1996.

② 这 20 年是我国城乡分割的二元户籍制度正式形成和不断完备的时期，全体公民被人为地划分为壁垒森严的“农业户口”和“非农业人口”两种类别的人口，城乡之间形成一道坚不可摧的“户籍墙”，二元经济社会结构开始逐步形成和凝固化。

表 3-2 户籍制度的建立和巩固过程（1958~1977 年）

时间	政策文件	主要内容及特点
1958 年 1 月 9 日	《中华人民共和国户口登记条例》	该条例以法律的形式进一步规范了全国的户口登记管理制度，是全国城乡统一户籍制度正式形成的重要标志，也是当代中国户籍制度发展史上的里程碑
1958 年 2 月	《关于制止农村人口盲目外流的指示的补充通知》	更加严格限制农民向城市流动
1958 年	《关于实行粮食的计划收购和计划供应的命令》	全面启动了与计划经济体制相配套的粮食统购统销政策
1961 年 6 月	《关于减少城镇人口和压缩城镇粮销量的九条办法》	规定要求三年内城镇人口必须减少 2000 万以上。从此，中国开始了由行政命令支配的第一次反城镇化运动
1975 年 1 月 17 日	《中华人民共和国宪法》	去掉了关于“中华人民共和国居民有居住和迁徙的自由”的条文，这标志着我国公民的自由迁徙和居住的权利失去了宪法保障
1977 年 11 月 8 日	《关于处理户口迁移的规定》	强调严格控制人口迁移

资料来源：根据有关历史资料整理。

第三节 户籍制度改革历程

改革开放后，我国的户籍制度也开始逐渐改革完善。从允许农民办理自理口粮户口，到大规模实行“农转非”政策，到小城镇户口的全面放开，再到各级城镇逐步向农民放宽准入条件，我国户籍制度改革先后经历了三个重要阶段。

一、户籍制度改革的第一阶段

这一阶段主要是从党的十一届三中全会召开到 20 世纪 90 年代初。随着改革开放伟大时刻的到来，我国城乡面貌焕然一新，社会生产力得到了极大的释放。与此同时，随着城乡之间、地区之间人口流动的加快，我国第一次出现了“民工潮”，这使我国传统的户籍管理政策不断受到挑战，迫切需要根据新的形势进行调整改革。因此，这一阶段的户籍改革主要是围绕上述问题进行的。

中央先是允许农民自理口粮进入集镇落户。据统计，1984~1990年，全国共计有500万农民落入城镇自理口粮户口。[1] 同时改革“农转非”政策，进一步扩大“农转非”的人口数量，对管理体制也进行了完善。[2] 对暂住人口的管理也逐渐规范，公安部出台了城镇暂住人口的相关管理办法，即目前公众熟知的《暂住证》制度。此后，居民身份证制度在全国范围内实行，进一步加强了对人口流动的管理。

这一阶段针对户籍制度的初步改革，积极意义很明显，但也存在很多问题。如办理“自理口粮户口”并不能带来多少实惠，同城镇户口还有很大差别，农民很难在城镇生活下去。再如，“农转非”政策管理混乱，到后来逐渐演变成卖户口的政策。对流动人口的管理也跟不上，不利于保护流动人口的合法权益和维护社会稳定。

表 3-3 户籍制度改革第一阶段（1978 年至 20 世纪 90 年代初）

改革措施	证簿类型	应对问题
允许农民自理口粮进入集镇落户	自理口粮户口	乡镇工商业蓬勃发展迫切需要解决农民进入集镇落户问题
改革“农转非”政策	非农业户口	开始时针对非农人口家属、招工升学等几类特殊情况，后来逐渐扩大对象，以致出现户口商品化现象
流动人口管理	暂住证、寄住证和旅客住宿登记证、身份证	加强流动人口管理，维护社会秩序

资料来源：根据有关历史资料整理。

二、户籍制度改革的第二阶段

1992 年，中共十四大确立了建立社会主义市场经济体制的目标，自此，我国的户籍制度改革进入了一个崭新的阶段。这一阶段我国的

① 张庆五. 户口迁移与流动人口论丛［J］. 公安大学学报，1994.
② 1979~1990 年，全国累计有 5317 万人“农转非”。

市场化、工业化和城镇化进程快速推进，城乡之间、区域之间人口流动明显加快。这一阶段对我国城乡分割的户籍制度也做了相应地调整与改革。

为适应形势的发展，在改革开放的春风下，1992 年 8 月，中央为满足流动人口进城指标过少的状况，开始在全国推行“当地有效城镇户口”制度，即所谓的“蓝印户口”。“蓝印户口”政策在吸引投资和人才方面发挥了重要作用，同时，传统的计划指标式落户方式逐步开始向以资产、技术、住房和正常稳定收入等主体要件的条件准入式过渡。此后，户籍放开的重点转向小城镇，大城市则从严控制，只是在放宽婴儿落户、夫妻分居落户等方面做了改进（如表 3–4 所示）。

表 3–4　户籍制度改革第二阶段（90 年代初至 20 世纪末）

时间	政策文件	主要内容及特点
1992 年 8 月	《关于实行当地有效城镇居民户口制度的通知》	开始实行“当地有效城镇户口制度”，也称作“蓝印户口”
1997 年 7 月	《小城镇户籍管理制度改革试点方案》	明确“试点镇”具备条件的农村人口办理城镇常住户口
1998 年 8 月	《关于解决当前户口管理工作中几个突出问题的意见》	放宽婴儿落户、夫妻分居落户、老人投靠子女落户、投资落户等户口政策
2000 年 6 月	《关于促进小城镇健康发展的若干意见》	放宽县及县以下小城镇落户条件

资料来源：根据有关历史资料整理。

三、户籍制度改革的第三阶段

进入 21 世纪后，户籍制度改革进入第三阶段。这一时期，随着工业化、城镇化、市场化的不断推进，传统的城乡二元结构体制逐步消解，农业转移人口呈现规模更大、工作和居住稳定化的趋势，流动人口与城镇人口享有平等权益的利益诉求越来越强烈。为适应这种新的人口流动形势，促进城镇人口基本公共服务均等化，这一阶段的户籍改革继续深化，以地方改革试点为主的改革态势逐渐形成。

首先，一些省市先后取消了传统的“农业户口”和“非农业户口”

的划分，统称为“居民户口”。截至目前，全国已有超过半数省市实行城乡一体的户口登记管理，但是，在公民户口簿上仍然注有居住地址，并以此区分其户口性质，而且福利的分配和取得仍然以此为依据。城乡身份区别在短期内仍难以完全消除，养老、医疗和低保等方面的福利待遇基本没有落实。

其次，全国绝大部分地区都进一步放宽落户条件，投资落户、购房落户、人才落户等落户方式在全国各地实行。大多数地区户籍改革的重点是以准入条件方式取代人口控制指标方式，准入条件也不断放宽，如原先多数城市的迁移落户条件要求具备有合法产权的固定住所和稳定生活来源，目前部分地区已不再要求迁移者有自己的住房，承租住房也可以落户。

再次，小城镇的户籍完全放开与大城市的户籍收紧并存，人口流动迁移趋势仍然是户籍福利比较高的大城市。虽然在户籍制度改革的第二阶段，中央力主推进以小城镇为重点的户籍制度改革和城镇化建设，但是户口含金量低的小城镇并没有能够吸引足够多的农民落户，而与此同时，随着国家惠农政策的不断推出，农村人口的福利也在不断增长，小城镇户口对农民来说已经缺乏足够的吸引力。但是，在大城市、特大城市却是另一番景象。大城市不仅工作机会多，公共服务水平也较高，户籍人口的福利含金量更高。因此，尽管大城市已不再限制人口流入，但是基于财政能力和公共设施供给的考量，大城市特别是特大城市的户籍准入门槛有进一步收紧的趋势，以维护本地人口的利益。

最后，部分地区率先开展具有典型意义的户籍制度改革试验。比较有代表性的主要有郑州的户籍新政、上海的居住证制度、广东的积分制落户政策，以及重庆、成都两市的统筹城乡户籍改革试验。具体改革内容，本书将在第八章详细介绍。

第四节　户籍制度改革的基本特征

渐进式改革是我国改革开放的显著特点之一。伴随着改革开放进程的户籍制度改革，也遵循了渐进式变迁的轨迹。从对流动人口特别是农村人口流入城市的严格控制，到有计划地逐步放开，再到条件准入方式的引入，都采取了“先易后难、逐步推进”的渐进策略。户籍制度改革的过程中也形成了我国独特的户籍变迁特征。

一、户籍制度变迁的轨迹

从图 3–1 中我们可以看出，我国的户籍制度从中华人民共和国成立之初的完全的城乡隔离，到开放本地有效的“蓝印户口”，再到中小城市的落户准入条件的放开，最后到全国户籍一元化的发展趋势，政府对户籍的管制程度越来越宽松，人口流动的制度条件和社会环境明显改善；与此趋势相对应的是，我国从完全的城乡二元结构，逐渐发展到允许农民进入城镇从事工商业，再到目前的城市内部出现了户籍人口和外地人口两种福利保障体系，最后到城乡之间、区域之间基本公共服务均等化的趋势。也就是说，户籍制度改革的过程，就是政府放松户籍管制的过程，同时也是公共服务均等化的过程，最终户籍制度逐渐与我国经济社会发展条件相适应，与人民群众自由流动和公平待遇的愿望相统一。

在户籍制度变迁过程中，政府在户籍控制和户籍管理上牢牢把握主动权。政府的每一次户籍改革措施的出台，都是为了适应工业化城镇化市场化过程中人口流动的形势要求，同时也在一定程度上维护了流动人口的权益诉求。从中华人民共和国成立之适应城乡二元经济的

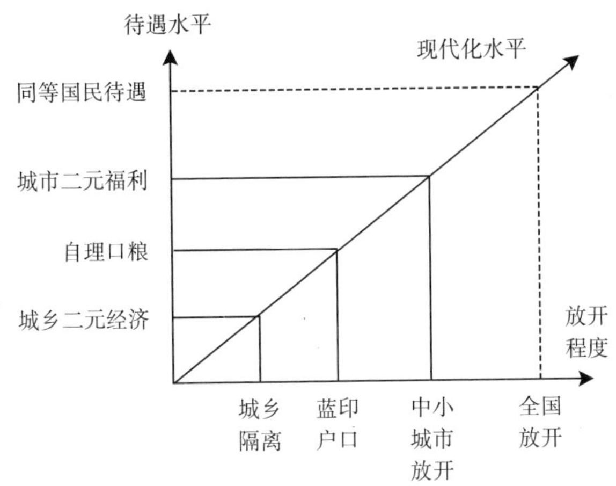

图 3-1　我国户籍制度变迁轨迹

需要而实行的城乡完全隔离政策，到放开农民自理口粮进入集镇，再到逐步放开小城镇和中小城市的落户限制，最后适应户籍改革的趋势试点开展新型户籍管理制度，改革历程有收有放，不断以增量人口为对象扩大城镇人口规模。改革重点也由户籍管制本身逐步转向户籍背后的福利分配机制，不再实行粮油定量供应制度和就业的统包统分政策，对福利住房制度、公费医疗制度、教育制度等进行了改革调整。与此同时，政府也着力改善农村人口进城务工环境，创造有利于城乡公平竞争的制度条件。

二、户籍制度改革的主要特点

（一）户籍制度政治功能减弱，经济功能逐渐增强

改革之前，我国户籍制度的主要目的和功能就是出于限制人口流动、维护全国社会稳定的政治功能，经济功能稍弱。随着改革开放以来经济社会的发展，我国人口流动性不断增强，传统的户籍制度也适应了形势的发展并且及时地做了调整，不再是限制人口流入城镇的工具，而主要保留了城镇福利和保障载体的基本经济功能，政治功能则稍弱。

（二）落户的决定权下放，户籍政策地方化特征明显

随着传统户籍制度功能逐渐演变为以经济功能为主，以维护户籍人口的福利和保障为主，不再严格限制人口流动。而我国不同规模的城市也存在各不相同的市情，因此，在政府分权改革日益深化的背景下，传统的以中央层面为主制定户籍政策的局面正逐渐转向各地方政府在中央统一户籍改革要求下，单独制定适合当地情况的户籍政策，户籍制度的创新主体呈现出显著的地方化特征。中央落户权限的下放，使城市政府各自制定自己的落户条件，各城市间的户籍门槛存在显著差别。

（三）落户的渠道增加，户籍福利功能在不同区域出现分化

随着我国户籍制度改革的不断向前推进，广大流动人口落户城镇的渠道日益多样化。在户籍制度改革推进的过程中，我国先后存在自理口粮户口、蓝印户口、居住证等多种类型的城镇户口。流动人口城镇落户的条件也在不断放宽，落户渠道包括亲友投靠入户、购房入户、投资入户、人才入户等多种形式。

从全国范围来看，户口的利益功能也在逐步淡化，城乡之间、区域之间公共服务的差别已经显著缩小。户籍制度正朝着重视流动人口的迁徙权和福利保障权的方向发展。但是，北京、上海等少数几个特大城市，由于城市各种优质资源的过度集中，这些福利资源的分配仍然是以户口为依据，因此，这些城市户口的价值也相应较大，同时户籍门槛也较高，户籍制度改革的难度也最大。同时，某些大城市的郊区，还存在当地农业户籍人口不愿意转为非农业户籍的情况。

（四）以准入条件代替指标管理，城市政府对人口迁入目的导向明显

从以指标管理向以准入条件为主要户籍控制手段的转变，是我国户籍制度改革的一大特点。各级城镇的户籍准入条件主要与学历、投资额（纳税额）、技术职称、商品房购买量等条件挂钩，通过准入条件

的限制和筛选，城市政府可以以城市福利与落户对象相交换，满足城市对人才、资金、技术等资源和要素的需求，同时也达到对落户对象质量和数量的控制。从现有改革来看，当前在许多城市户籍政策已成为城市政府利用户籍准入条件选择城市发展需要的资源和要素的核心手段，反映了城市政府对户籍改革中人口迁入的目的取向和进程控制。

三、户籍制度变迁的基本动因

首先，户籍制度变迁是建立完善社会主义市场经济体制的内在要求。中华人民共和国成立之初，为适应计划经济体制的需要，我国城乡之间、地区之间的人口流动迁移被严格限制。随着 1978 年改革开放的到来，经济的繁荣推动着人口的流动，人口的频繁交流促使户籍制度不断调整，逐步放宽人口落户城镇的条件。至 1992 年我国建立社会主义市场经济体制的目标明确后，包括劳动力在内的要素自由流动成为市场经济体制的内在要求。因此，此后的户籍政策也朝着实现人口自由流动的方向上不断调整完善，但是，这种改革在很大程度上是一种被动的政策调整，还不能完全适应市场经济体制发展的要求。

其次，户籍制度变迁是我国工业化、城镇化的快速发展的必然要求。改革开放以来，我国经济的繁荣与发展得益于工业化进程的快速推进。无论是以长江三角洲为代表的乡镇企业、民营企业的崛起，还是以珠江三角洲为代表的外向型经济的成长，抑或是其他地区国有企业的发展，都带来了城镇对劳动力资源的巨大需求。同时，城镇规模的扩大也吸引了大批人口进入城市从事第三产业，城镇非农产业的快速发展、城镇化的快速推进，导致传统的户籍制度不得不进行调整，以适应工业化、城镇化快速推进的要求。

最后，户籍制度变迁是响应广大人民群众基本公共服务均等化基本诉求的必然结果。在计划经济时代、城乡二元经济结构下，我国城乡之间、地区之间存在巨大的福利级差。城市人口享有国家配给的基本健全的福利和保障，而农村人口则主要依赖家庭保障、土地保障。随着农村人口的大规模流入城镇，农业转移人口要求享有与城市居民同等的福利和保障的呼声越来越高，城乡之间基本公共服务均等化的诉求越来越强烈。因此，作为城市福利和保障体系的载体的户籍制度面临进一步深化改革的要求，促进城镇常住人口享有基本均等的公共服务。

第五节 主要结论

一、户籍制度是伴随着计划经济而生的，是一种在经济不发达、农产品供给不足条件下的限制人口自由流动、造成福利差别的不平等的利益分配机制

我国当代户籍制度是在计划经济体制下、逐步扩大工农产品“剪刀差”、实行工业化特别是重工业优先发展战略的产物。通过限制人口流动，将农民固定在土地上，防止对城市和工业发展形成冲击，传统的户籍制度对推进计划经济的顺利实施和工业化城镇化的推进发挥了巨大作用。

但是，传统的户籍制度不仅限制了人口的自由流动，同时也造成了福利差别，造成城乡居民之间的巨大利益鸿沟。尽管经过多年改革，但户籍制度的这种利益分配机制仍然被保留了下来，在某些城市户籍制度的利益分配功能甚至有所强化（如表 3-5 所示）。

表 3–5 1949 年后城乡户口之间的差别

时期	城乡户口差别的表现
1949~1952 年	分工、住所
1953~1957 年	收入、粮食供应
1958~1965 年	地位、收入、粮食供应、福利、行动自由度
1966~1976 年	福利、子女身份、收入
1977~1984 年	地位、声望、收入、福利、粮食供应、就业、子女身份、教育、行动自由
1985~1991 年	子女身份、地位、声望、收入、福利、粮食供应、就业、教育、生活条件
1992 年以后	子女身份、地位、收入、福利、生活条件、就业、教育

资料来源：陆益龙. 户籍制度——控制与社会差别. 北京：商务印书馆，2003.

户籍制度是形成城乡之间、区域之间巨大的福利级差的重要因素之一。福利级差的消除除了要改革财政体制之外，户籍制度改革也是重中之重。只有将户籍与福利真正剥离，才能还原户籍制度的本源功能，才能真正消解城乡二元结构、城市二元福利和保障体系，使所有城市常住人口都能享受到均等化的基本公共服务（如表 3–6 所示）。

表 3–6 现行户籍制度下城镇居民与农民工的比较

	城镇居民	农民工
户籍	城镇户口	农业户口
权益	享受各种市民权益	体制外生存，不享受市民权益
调节通道	政策招工、招生、调动	劳动力市场自发调节
就业	正式部门就业	主要在非正规部门就业
居住特点	城市生活	城镇、农村两栖型
人格特征	市民特征	农民、市民双重人格
行为特征	稳定，长期行为预期	不稳定，短期行为严重
收入状况	与既定地位相联系，收入较高	吃苦耐劳，收入低

资料来源：根据相关资料整理。

消除当前户籍制度所具有的利益分配功能，并不是一件容易的事情。城市政府和城市居民作为传统户籍制度的既得利益群体，缺乏推进户籍改革的基本动力。虽然广大流动人口要求取消户籍限制、公平享受待遇的愿望强烈，但是这些人口巨大的流动性和分散性特点以及缺乏利益表达通道和足够的话语权，因而传统的户籍制度具有巨大的路径依赖性，改革之路异常艰难（如图 3–2 所示）。

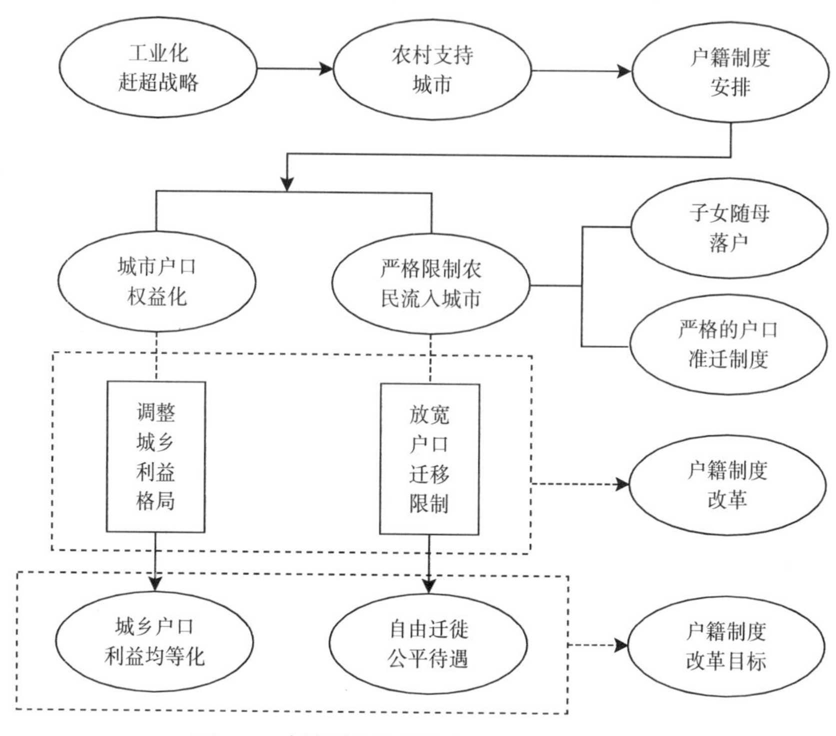

图 3–2　户籍制度的利益分配机制及改革走向

二、户籍制度改革是一项重大的历史使命与现实命题

首先，深化户籍制度改革是保障公民自由迁徙、公平待遇的根本要求。长期以来，我国城乡分割的二元户籍制度依靠行政手段制造了一个国家两种户口类型的公民的格局，在这个格局中不同类型户籍人口存在人格、身份以及待遇上的不平等。城镇居民享有的福利保障和劳动就业机会远远高于农民。尽管户籍制度改革不断向前推进，但是这种利益差别依然存在，在某些城市甚至有所强化。城市政府往往以自身利益最大化为出发点，对人口准入机制的设计主要出于城市自身

发展需要，对非户籍人口普遍存在排斥和歧视情况。

其次，深化户籍制度改革是完善社会主义市场经济体制的内在要求。劳动力作为一种重要的生产要素，劳动力资源通过市场供求关系规律有效配置是市场经济的发展要求。而我国现行的户籍制度限制了人口自由迁徙，增加了农民进入城市的交易成本，使农村转移劳动力不能有效地从事非农业生产。建立和完善社会主义市场经济体制，客观上要求建立城乡一体、公平的劳动力市场，取消户籍制度对非户籍人口的就业歧视，消除目前普遍存在的人户分离现象，使农村转移劳动力能够顺利向城市转移定居。此外，与户籍制度紧密相关的农村土地制度、土地要素的市场化、土地产权的保护和实现也是市场经济发展的应有之义。

最后，深化户籍制度改革是转变政府职能、改善社会管理的重要举措。制定户籍管理政策、管理流动人口是各级城市特别是大城市政府的重要职责。当前，如何实现政府职能由户籍管理向人口管理和人口服务转变是户籍制度改革的重大任务。其中关键是要推进城市福利和保障体系改革，加快推进福利去户籍化，使城市所有常住人口能够享受均等化的基本公共服务。对于户籍制度所具有的加强社会管理、维护社会稳定的工具价值，下一步改革的重点应在户籍之外、着力构建多元化的社会管理手段，防止户籍制度被以社会稳定名义而套牢。

三、当前户籍制度改革仍未触及核心部位

在户籍制度改革 30 余年的实践中，中央和各地相继推出了一些改革措施，在一定程度上解决了户籍制度中的部分突出问题。一些大中城市也大幅度调整户籍制度政策、放宽落户条件。如目前全国有许多地区都取消了农业户口和非农业户口的划分，对城乡居民进行统一的户口登记。但是，这些改革措施更多地表现在取消形式上的户籍歧视，仅仅在户籍登记上体现城乡统一，还远未触及户籍制度的核心部位，

多是一些头痛医头、脚痛医脚的权宜之计，有着很强的应急性。中央政府则一直未痛下决心对户籍制度进行系统、彻底的改革。

当前，户籍制度改革牵一发而动全身，涉及教育、就业、医疗、住房等诸多利益。而目前的户籍改革，主要是由公安部推动。但是，当前的户籍制度已不仅是一项社会管理领域的户籍登记迁移和人口管制制度，它至少还涉及包括国家发改委、民政部、人力资源和社会保障部、财政部、教育部、卫生部等在内的其他众多部门。由于国家层面对于户籍制度究竟如何改革，改成什么样等基本问题还没有顶层设计，且现实中户籍制度牵扯到的城乡福利制度、农村土地制度等核心问题，都属于各自领域改革中的难点问题，目标方向都还没有完全明确。基于上述背景，我们认为，下一步推进户籍制度改革、加快城镇化进程，关键是要做好户籍制度改革的顶层设计和总体规划，同时做到户籍制度与城市福利和保障制度、农村土地制度共同设计、联动改革。只有这样，我们才能真正解开户籍制度这个与其他诸多制度有着千丝万缕联系的制度症结，使户籍制度回归人口登记的本来职能。

我们认为，户籍改革一头连着城市福利制度，一头连着农村土地制度。下一步深化户籍制度改革，必须坚持户籍制度与城市福利制度和农村土地制度进行联动改革。城市福利制度改革关键是要给流动人口特别是农民工群体赋权、增利，即通过城市福利和保障制度改革，逐渐赋予城市常住人口同等待遇权利。农村土地制度改革，关键是要充分保障农业转移人口的土地财产权利，促进农民市民化过程中农村土地财产权的流转和变现。

第四章　户籍制度改革与户口登记迁移制度

与户口的登记迁移相关的制度是我国户籍制度的主要制度内容。历史上，我国曾出现了多种户口类别和城镇落户模式，同时也形成了不同城市的差别化落户门槛。从户籍制度的历史变迁来看，我国户籍登记和迁移制度的核心就是人口准入制度。

第一节　城镇户口的主要类别

在我国二元户籍制度确立和实施以来，为了应对新的经济社会发展形势，化解原有体制不顺造成的矛盾和问题，我国各级政府在原有“农业户口”和“非农业户口”之外，又相继推出了暂住证、自理口粮户口、蓝印户口、居住证等多种户口类别。这些户口有的已经成为历史，不再实行，有的正方兴未艾，在不同城市发挥着重要作用。

一、暂住证

改革开放之后，我国对传统的户籍制度开始了调整和改革，逐步朝着放松对人口流动迁移控制的方向发展。农民外出进入城镇不再要求介绍信、证明，传统的票证制度和粮油配给制度也在逐步淡化和取绑，人口流动的制度环境大为改善。同时，随着农村经济体制改革的深入，农村出现了众多的剩余劳动力，逐渐开始向城镇流动，寻找就业机会。据统计，1994 年全国农村外出劳动力人口达到 1.8 亿人，其中多数流向大城市，流向中小城市和小城镇的也有 6000 万人，绝对规模也很大。

大规模的人口流迁给城镇的户籍管理和社会治安带来了严峻的挑战。因此，公安部于 1985 年出台了关于城镇暂住人口的相关管理办法，暂住证制度正式开始实施。这一制度规定外来人口在城市无论是短期居住还是长期居住，必须申请办理暂住证。没有暂住证的外来人口将会被处罚甚至遣返回原籍。

暂住证制度是我国对传统户籍制度的一项重要变革，具有其进步意义。它不仅突破了原有严格限制人口流动的户籍管制规定，为我国工业化城镇化使用大量低价劳动力创造了条件，同时也在法律上给予流动人口以合法地位，并保障其基本利益。此外，暂住证制度的建立，还有利于政府及时掌握流动人口信息，加强对流动人口的管理和服务。因此，这一制度得到了各地的支持和借鉴，逐渐在全国推广开来。到 2000 年，全国所有省份都已出台暂住户口管理的法律规章。

但是，暂住证制度在实施过程中也饱受诟病。在部分城市办理暂住证成为创收手段，乱收费、乱查证、腐败现象较为严重。特别是暂住证制度和收容遣返制度结合，没有暂住证，将会被收容遣返，广大流动人口苦不堪言。2003 年，我国收容遣送办法被废止，同时废止暂住证制度的呼声也日益高涨。但是，直到目前，暂住证制度仍在各级城镇发挥着重要作用。

二、自理口粮户口

改革开放初期，随着农村经济体制改革的深入推进和乡镇企业的蓬勃发展，越来越多的农民开始向城镇转移就业，务工经商。但是传统的户籍管理制度对他们在城镇的长期工作和居住限制较多，国家仍坚持严格控制城镇人口增长、严格限制人口向城镇流动的方针政策。随着越来越多的农民在集镇工作和居住，中央基于促进城乡经济繁荣的考虑，出台了相关规定，对农民进入集镇逐渐敞开大门，规定农民进入集镇落户为自理口粮户口。自理口粮户口性质为非农业户口，但只是统计意义上的，区别于传统意义上的“农转非”。持有自理口粮户口人员同城镇非农业户口人员相比，待遇上还差得很远。如购买粮食要凭“加价粮油供应证”，自己解决住房问题等。

自理口粮户口政策有利于农民向城镇的转移就业和长期定居生活，解决了很长一段时间存在的进入集镇农民“人户分离”的问题，给一部分已在城镇长期居住并期望获得城镇户口的农民以制度认可。但是，由于自理口粮户口并不是彻底的“农转非”，同城镇非农业户口相比，在待遇上相差较多，同时落户农民获取自理口粮户口时必须放弃土地承包权利，因此，转户农民的处境很尴尬，他们既无法获得市民待遇，又失去了农村的承包土地。基于此，自理口粮户口随着城镇粮油配给制度的终结，也逐渐退出了历史舞台。

三、“蓝印户口”

“蓝印户口”，因户口簿上的蓝色印章而得名。20 世纪 90 年代初，各地相继出台了“蓝印户口”政策。“蓝印户口”是城市政府为吸引投资和人才以及鼓励住房消费而出台的政策。获得“蓝印户口”的人员可以在子女教育等方面享受户籍市民的同等待遇。有的城市还规定了“蓝印户口”转常住户口的办法。“蓝印户口”政策在促进城市减少空置积压商品房、刺激房地产市场，从而拉动地方经济发展方面发挥了重要作用，同时也是各地吸引投资、争夺人才的重要手段。2000 年之后，“蓝印户口”在部分地区特别是中小城市逐步被叫停，而一些大城市则继续用“蓝印户口”政策吸引投资和人才落户直到近两年才全面取消。

四、居住证

随着经济社会日益繁荣，人口流动的格局也在发生变化，外来人口工作和居住的长期化、稳定化趋势明显。同时，在我国户籍制度改革中，外来人口的权益正在日益受到重视，流动人口的公共服务和社会保障权益正在逐步扩大。因此，为了更有效地管理长期在城市居住的部分流动人口，吸引更多的人才资源，全国一些大城市如北京、上海、深圳、青岛等借鉴发达国家“绿卡”制度，“工作居住证”制度登上历史舞台。拥有居住证的外来人口，可以在某些方面享受同当地城镇居民同等的政策待遇。目前，人才居住证制度已在全国很多大中城市实行，有的城市用居住证代替暂住证和“蓝印户口”等，成为管理外来人口的新手段。

从“暂住证”到“居住证”，一字之差体现出城市管理的重大进步。将暂住证制度改为居住证制度，较好地解决了外来人才的城市身份问题，打破了原有以户口为主要依据的城镇福利和保障配置方式，有利于城乡、城际樊篱的破除。一方面，普通的居住证基本是由原有的暂住证演变而来，实质性变动不大；另一方面，对于一些城市实行的人才居住证来说，这是城市政府为引进人才而量身定做的，对于很多不符合条件的外来人口来说，人才居住证申请的门槛仍然很高，解决外来人口问题的根本出路则在于彻底的户籍制度改革。

第二节　城镇落户主要模式

当前，外来人口落户城镇的渠道，除了传统的通过升学、入伍等途径之外，目前主要有计划指标控制模式和条件准入模式两种情况。

城市政府对外来人口逐步放宽了准入限制，城市公共服务也逐步向外来人口延伸（如图 4–1 所示）。

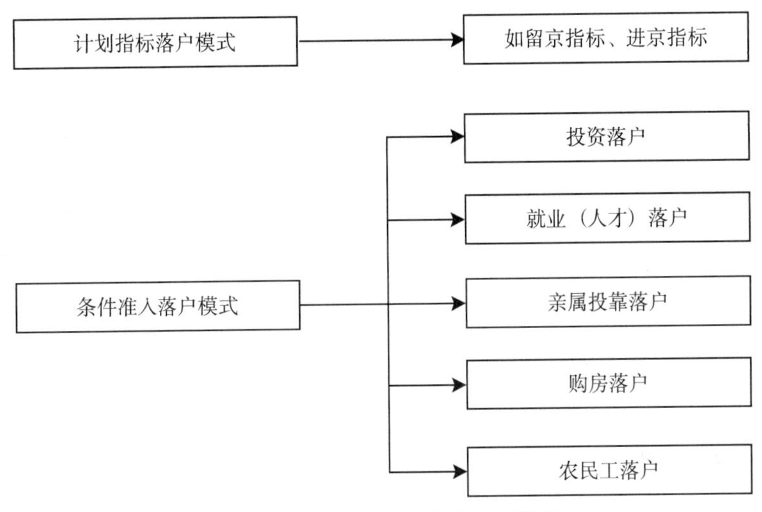

图 4–1　我国城镇落户主要模式

一、计划指标落户模式

对大中专毕业生落户城镇实行计划指标配给制度，是我国自 20 世纪 50 年代以来开始实行的一种户籍管理制度。通过高考制度实现农业户口向非农业户口的转变，是我国多年以来城乡人口变动的主要渠道之一。落户指标是毕业生在当地落户的必要条件。21 世纪初，有关部门根据人口流动的新形势，逐步取消了城镇落户的指标限制，高校毕业生可以跨区域自主就业。但是，在一些特大城市，如北京市，户口指标这种计划的手段仍然保留着，就是政府按照计划，每年划拨一定的指标给需要重点发展的用人单位，努力通过指标来限制进城工作的毕业生。

二、条件准入落户模式

单一条件准入落户模式是指申请落户人员只要达到政府所规定的某些落户条件，便可转入户籍人口。这些落户条件通常与投资、人才或其他贡献等相关联。

（一）投资落户模式

投资落户是指城市政府为吸引投资、促进经济发展，将满足一定投资额的外来人口转为户籍人口的办法。通常只有大城市才有条件采取这一落户模式，以城市具有较多“含金量”的福利和保障换取落户人员对城市建设的投资贡献。蓝印户口管理政策便是主要针对投资落户模式的户籍调整措施。

不同城市设置的投资门槛也不一样。对投资落户要求投资额较低的城市相对投资额较高的城市，经济发展的规模和活力也要相对较小；反之亦然。城市规模大、外来投资较多的城市，如北京、上海和深圳等，通常是以纳税总额作为衡量指标，比采用直接投资额的城市落户门槛更高。

（二）人才落户模式

人才落户模式是指地方政府为了吸引高素质人才，规定具备一定学历和相关专业技能的人可以获取当地城镇户口。这种落户模式具有强烈的选择性和过滤性特征，反映了城市政府为最大化地方利益而设定的一种限制条件。只有那些具有较高学历、较高技能，能为城市发展做出突出贡献的外来人口才有可能被转入户籍人口，享受本地市民的福利待遇。

不同城市对落户人员学历和技能的要求也不尽相同，一般而言，城市越大，等级越高，对落户人的条件要求也越高；反之亦然。全国除了少数几个特大城市之外，对人才落户的条件要求都相对较低，而北京、上海等少数几个特大城市对人才落户的门槛要求相对较高，如上海市规定符合城市经济和社会发展需要，且至少具备以下条件之一的国内人员：①35岁以下、本科及以上学历；②本科及以上学历，紧缺急需、专业对口的高新技术专业人员；③博士；④紧缺急需的高级职称专业技术人员或管理人员；⑤特殊才能人员。

各地通过人才引进落户模式，意在吸引各类高层次人才为经济社会发展服务，可能并不是户籍制度改革的应有之义，具有很大的局限性。从全国来看，只有少数几个拥有良好发展机会、具备较高福利和保障体系的城市，才能依靠此模式吸引人才，对于一般城市而言，因为城市户口的“含金量”并不大，因此，通过此模式引进人才难度较大，意义十分有限。此外，通过人才引进落户城市显然不能成为我国城镇化的主要渠道，广大农民工不具备人才引进的条件，难以成为城市政府眼中的人才而落户城市。

（三）亲属投靠模式

亲属投靠模式是指外来人口将户籍迁入与之有亲属关系的本地户籍居民家中。目前，各地都不同程度地放宽了亲属投靠落户政策，但是各地政策在具体要求上还存在差异。

对于亲属投靠落户的定义，目前大多数城市都要求具有直系亲属关系，即只有常住户口居民本人的配偶、子女和父母才可以通过亲属投靠方式落户。其中，对夫妻分居年限还有要求，通常是三年或五年不等。父母投靠子女落户，则要求男性必须超过 60 周岁或女性超过 55 周岁，身边无其他子女。开放亲属投靠落户比较具有人性化，是加快推进城镇化进程的一种非常直接的方式。但是，面对我国数量庞大的城镇常住人口，依靠此种方式难以支撑我国城镇化水平的快速提高。

（四）购房落户模式

购房落户模式，顾名思义，就是城市政府为在本地购买商品房的外来人口办理户籍迁入的做法。城市政府出台购房落户的基本背景和主要目的就是要加快商品房的销售，而与真正的户籍改革并没有多大关系。购房落户政策一出台，就被全国各地纷纷效仿，成为我国各地户籍政策调整的一个基本模式。

20 世纪 90 年代后期，购房落户模式开始出现在我国沿海一些经济发达地区。不同城市对落户要求购房的建筑面积也有所不同，中小城市对购房面积和总价的要求相对较低，而部分特大城市要求相对较高，并可能会伴有其他如学历和工作条件的要求。

购房落户模式虽然不是户籍制度改革中城市放开户籍管制的普遍要求，但它是以一种完全市场化的形式来交换城市户口，满足了相当一部分人的城镇落户需求，使他们获得了户籍人口享有的福利和保障，同时，由于采用购房这一相对较高的经济条件限制，能够保证城市户籍的有序放开。因此，该模式对推进我国城镇化进程具有积极意义。但是，此模式正是因为落户条件相对较高，过于强调经济条件，因而阻止了绝大多数外来人口落户城镇并享受福利待遇。

（五）农民工落户模式

农民工落户模式是城市政府针对农民工群体放开户籍准入的一种模式。在实践中，可分为“优秀农民工落户”和“务工迁入”两种模式。前者主要针对具备专业技能或在当地做出突出贡献的优秀农民工，申请条件较高；而后者的申请条件相对较低。[①]

城市政府吸引所谓的优秀农民工落户，对加快推进我国城镇化进程并不具有普遍意义，它只是地方政府对有贡献的农民工的一种奖励和恩赐，并没有真正触及户籍制度本身。而农民工“务工迁入”的落户模式，因其条件相对较低，且准入条件相对客观公正，因此，对于我国人口城镇化意义重大。但是，该种模式一般只适用于户籍“含金量”较小的中小城市，对大城市特别是户籍福利较多的城市而言，采取该种模式可能会导致人口过度涌入，出现“城市病”问题。

此外，我国广东省实行的农民工积分入户政策，开启了农民工入户城市的制度化先例，打通了农民工落户城市的常规通道。本书将在第八章详细介绍。

---

① 如福建省 2008 年 3 月出台了六项农民工市民待遇政策，要求转户农民工必须在同一城市或城镇连续居住五年以上，并办理“暂住证”或“居住证”，与企事业单位依法签订三年以上劳动合同或实际在企事业单位工作已满三年，可申请办理落户。

第三节 落户门槛指数

一、落户门槛

自改革开放以来，我国各地的户籍准入政策也在不断发生调整和变革，传统的计划指标落户模式逐渐被条件准入模式代替。各级城市根据自身的财政支付状况、承载力等具体情况来设定外来人口的落户条件，最终形成的各级城市落户门槛也存在较大差异。

超大城市的外来人口落户门槛最高。超大城市因为经济社会发展程度较高，能够吸引大量的外来人口流入。城市政府为了防止过多的人口流入造成城市负担过重，设置了比较严格的落户条件，对申请落户者的学历、资本、技术等条件要求较高。例如，北京市要求申请工作居住证者所学专业或岗位必须属于本市急需专业或岗位，且具有 2 年以上工作经历并取得学士（含）以上学位或具有中级（含）以上专业技术职称或相当资格、资质。广州市的落户条件是，外来人口必须在广州市缴纳 3 年以上社会保险，3 年累计缴纳个人所得税达到 10 万元。上海市实行居住证转常住户口的条件规定，须持有“上海市居住证”满 7 年，同时还要满足其他五项资格和技能条件。因此，可以看出，特大城市的落户门槛最高，外来人口很难通过此门槛条件落户。

特大城市一般是省会城市或经济较发达的区域中心城市，对外来人口有相当大的吸引力。因此，城市政府也会设置比较高的落户门槛，防止流动人口的大规模涌入。多数城市要求落户者需要有合法固定的住所以及稳定的生活来源。例如，南京市要求落户人员必须在市区购买 60 平方米以上的住房，需有固定生活来源；南昌市对购买商品房的面积要求是在50平方米以上；昆明市则是限定购买30万元以上的商品房才可以落户。部分城市则对落户者是否具有自有住房不做要求，只要求具备固定住所、稳定职业就可以。但是，这些条件对于流动性较强的流动人口特别是农民工而言，门槛还是太高，很难通过落户实现与市民的同等待遇（如表4-1所示）。

表4-1 获得北京户口的八大正常渠道

考公务员、事业单位（部分）、进入大型央企的重要岗位、随军等，由国家人事部解决户口问题
应聘有进京指标的国企、高科技单位、高校等单位的部分岗位，由工作单位向北京市人社局申请解决户口问题
考取能解决北京户口的大学生村官和大学生社工岗位，并完成工作年限要求
出国留学获得国家承认的硕士或硕士以上学历，归国两年内找到接收单位，由留学生服务中心办理集体户口
在京工作的博士后可不受指标限制落户北京（随迁家属需办理手续），由国家人事部办理集体户口
夫妻投靠办理：投靠人具有北京户口，年满45周岁，且双方结婚满10年；投靠人超过45周岁不超过55周岁的，双方结婚应满5年；超过55周岁的，双方结婚应满2年
子女投靠父母在京入户，投靠人为不满18周岁的未成年人，符合北京市计划生育政策，父或母户口在京，有合法固定住所
符合“千人计划”“留学生归国创业计划”招商引资计划等北京市所规定的“特殊人才”的落户要求

资料来源：根据有关资料整理。

大中城市的落户门槛相对较低。这些城市一般流动人口较少，城市福利和保障水平也相对较低，对流动人口的落户吸引力不大。如浙江省湖州市的落户条件只要求具有合法稳定住所或生活来源的人员可落户，对大学本科及以上学历人员可以不受限制直接落户。这类城市对落户者的学历、住房等条件也有要求，但条件相对较低。但是对于进城务工的农民工来说，门槛依然难以跨越。

小城市和小城镇的落户门槛最低。小城市和小城镇离农民最近，和农民联系最紧密，但是，这些城市通常难以安置足够多的农民工就业，生活方式和福利待遇同农村差距并不大，因此，虽然这些城镇几乎对农民落户没有限制，但是从实际情况来看，大多数农民并没有选择放弃土地进入城镇生活。

二、落户门槛指数

通过对上述各种城市落户模式的介绍，我们可以看出，我国户籍制度改革的地方性特征明显。各个城市根据自身经济社会发展的情况实施不同的户籍政策，设定不同的落户准入门槛，表现出较强的区域性差异。这种区域化的改革形成不同的落户门槛可以用指标体系反映出来。吴开亚等建构了一个落户门槛的指标体系，将投资和就业两类落户渠道合并考虑来计算城市落户门槛指数综合得分①，如表 4–2、表 4–3 所示。

表 4–2　城市落户条件评价指标体系

	落户条件	一级指标	二级指标
城市落户条件	投资	实际投资	实际投资总额
			每户平均投资额
			实际投资落户附带限制条件
		纳税	实际纳税额
			每户平均纳税额
			落户附带限制条件
		购房	购房款（面积）总额
			每户人均购房额
			购房落户附带限制条件
	就业	高端就业（人才引进）	最低学术资格要求
			就业规范要求
			高端就业落户附带限制条件
		普通就业	最低学历要求
			最低职称或技能要求
			就业规范要求
			居住年限要求
			住房要求
			普通就业落户附带限制条件

资料来源：吴开亚，张力，陈筱. 户籍改革进程的障碍：基于城市落户门槛的分析 [J]. 中国人口科学，2010（1）.

① 吴开亚，张力，陈筱. 户籍改革进程的障碍：基于城市落户门槛的分析 [J]. 中国人口科学，2010（1）.

表 4-3　全国 46 个城市落户门槛比较

城市	排序	城市	排序
上海	1	合肥	24
深圳	2	沈阳	25
北京	3	洛阳	26
广州	4	石家庄	27
青岛	5	昆明	28
厦门	6	重庆	29
杭州	7	太原	30
苏州	8	南昌	31
大连	9	吉林	32
西安	10	长沙	33
天津	11	兰州	34
秦皇岛	12	芜湖	35
宁波	13	哈尔滨	36
济南	14	九江	37
南京	15	乌鲁木齐	38
南宁	16	呼和浩特	39
海口	17	银川	40
福州	18	郑州	41
成都	19	贵阳	42
武汉	20	湘潭	43
长春	21	绵阳	44
拉萨	22	遵义	45
西宁	23	嘉峪关	46

资料来源：吴开亚，张力，陈筱.户籍改革进程的障碍：基于城市落户门槛的分析. 中国人口科学，2010（1）.

通过对全国 46 个代表性城市进行落户门槛的比较和评价，研究表明，落户门槛的高低同区域经济发展水平密切相关，东部地区城市的落户门槛相对较高，而中西部地区的落户门槛就比较低。从结果来看，一定程度上表明了地区经济富裕程度和流动人口集中程度与城市落户门槛紧密相关。门槛越高，区域经济越发达，经济越充满活力；反之亦然。

第四节　主要结论

一、人口准入制：中国城市户口登记迁移制度的本质属性

迁徙自由权是国际上一项基本人权，世界上大多数国家都充分保障公民的迁徙自由权利。中华人民共和国成立以来，我国公民的迁徙自由权经历了有保障到否定，再到部分保障的过程。1954 年宪法曾明文规定："中华人民共和国公民有居住和迁徙的自由"，但是，不久之后的 1958 年，随着我国《户口登记条例》的出台，我国公民自由迁徙的权利事实上已被剥夺，到 1975 年的宪法正式删除了公民居住和迁徙自由的条款。但是，这些规定只是见诸法律和文件规定，并没有在以后的时间里得到完全执行。随着改革开放的深入开展，我国劳动力跨地区就业和居住的现象广泛存在，只是在户籍权利上没有享受同等待遇。要想享受同本地居民一样的福利和保障，流动人口必须办理户口迁移手续，成为真正的户籍人口。

这种严格的户籍迁移许可实质上就是一种人口准入制度。城市户籍管理部门拥有户口的配给权和特许权，外来人口只有达到户籍准入的门槛才能获得户籍准入资格。城市户口准入制以城市人口总量控制、调节人口素质结构为目标，通过设立一系列的准入条件，限制人口的流入规模。由于城市户口直接和基础设施、公共服务等财政负担相关联，而现行的财政体制决定了完全靠地方财政支撑户籍人口扩大是不可行的，地方政府没有积极性去推动。因此，长期以来城市的户口配给指标是严格控制的，城市的户籍准入政策是选择性的、过滤性的，只有政府需要的人才可能有机会获得落户资格。没有达到户籍门槛的

外来人口，只能成为城市里缺少身份认同、难以获得同等待遇的边缘群体。而处在流动人口最底层的广大农民工，其工作和生活境遇无疑是最受歧视和排斥的，合法权益得不到保障（如表 4–4 所示）。

表 4–4　各级规模城市户籍准入条件比较

城市类别	超大城市	特大、大城市	中小城市	小城镇
准入条件	计划制与市场制并存，门槛最高，对投资入户、人才入户等有严格的要求	合法固定住所或稳定生活来源，投资标准。对住房和收入要求比较高	合法固定住所或稳定生活来源，对住房面积和收入水平没有额外规定	基本不存在入户条件，人口迁入基本没有限制

资料来源：根据有关资料整理。

二、从指标控制到条件许可：中国城市户口准入制的变迁模式开始质的变化

改革开放以前，我国城市户口迁移一直采取的是指标控制的模式，即城市政府对每年迁入人口数量是有指标限制的。落户人口必须具有城市户籍管理部门发放的户口迁移证明，否则一律不准迁入城市。政府旨在通过户籍控制限制人口盲流，确保城市正常的生产生活秩序。只有和城市的政府部门或企事业单位建立正式劳动关系的外来人口，才可能获得户籍准迁证明。因此，传统的户籍准入的指标控制模式具有强烈的行政控制性特点。

计划指标手段在“农转非”政策上得到充分的运用。公安部规定，各地“农转非”必须要有控制指标。这一落户指标限制，不仅严格限制了区域城市非农业人口的增长，也在一定程度上和实际需求脱节，无法满足地方的实际需求。

随着我国经济改革的不断深入，我国传统的户籍制度已经越来越不适应经济社会形势发展的要求，因此，中央相继出台了多项“农转非”调整政策。不仅将“农转非”的控制指标由不超过当地人口的1.5‰放宽到 2‰，而且将“农转非”指标向对国家有突出贡献的人员

及家属倾斜。但是，总体来看，直到20世纪90年代初期，我国对于“农转非”指标的控制仍然十分严格。

20世纪90年代中期之后，以“蓝印户口”的出现为标志，我国各地纷纷将落户政策转向条件准入制。这主要源于同期的全国层面的分税制改革，地方政府对本地人口的福利和保障承担主要责任。地方政府根据城市自身发展的需求自主设立落户条件，虽然不同城市的落户条件不尽相同，但是，这些条件主要集中于申请落户者的学历、住房、收入、技能、投资等方面。

从“计划指标制”到“条件准入制”的转变，是我国户籍制度改革过程中的一项重大突破。“条件准入制”以一种更加市场化、更加自主化的方式，主要通过经济条件进行落户人口的筛选和过滤，比传统的“计划指标制”有质的变化，具有较大的进步性。这种只要外来人口达到城市设定的落户条件就可以户籍迁入、完成市民化转变的做法，对潜在的申请落户者来说，具有相当大的激励性，也从根本上改变了我国传统户籍制度的固定性和世袭性特征。近年来，多数城市的落户准入条件逐步放宽，非农业户籍人口城市间迁移环境大为改善。但是，对于广大低学历、低技能、低收入的农民工群体来说，落户城市仍然是一个遥不可及的梦想。

三、户籍制度改革未完全到位：城市落户准入制的背后是利益失衡

我国现行宪法虽然强调“法律面前人人平等”，尊重和保护人权，但是，迄今为止，作为我国根本大法的宪法仍然没有恢复公民的自由迁徙权，城市人口准入制度仍然限制着广大流动人口的自由迁入，户籍背后的权益也存在较大差别。在国外发达的市场经济国家里，公民的人身权、就业权、迁徙权等各种基本人权能够得到比较好的尊重和保护，政府不仅不会随意剥夺这些权利，更要为流动人口创造更加宽

松便利的环境，并依法保障其合法权益。

反观我国，几乎所有的城市都实行人口准入制度，对人口的流动就业和权益保障强行干预，人为制造户籍人口与外来人口的差别与对立。这种非市场化的劳动力配置机制必然会影响劳动力资源的自由流动和合理配置。其结果必然造成人口持续大规模流入福利和保障条件高的地区，而福利和保障条件低的城市则面临制约发展的人口瓶颈。因此，从这个角度来看，我国的户籍制度改革成效，就可以说明为什么大城市、特大城市维持较高落户准入门槛但还是面临人口流入压力，而中小城市和小城镇面临落户门槛已经很低但鲜有人口流入的窘境。这种由户籍制度及其与之相关联的福利和保障制度构成的人口迁移和社会分配机制，不仅影响社会公平和稳定，也会扰乱资源配置、制约市场效率。

尽管目前地方政府广泛采用的“条件准入制”比传统的“计划指标制”有其进步性，但是条件准入落户模式中所有的设定条件，不管是学历、技能还是收入、住房等，最终都可归结为对外来人口的经济条件限制。因此，以“条件准入制”为特征的现行户籍制度在很大程度上成为地方政府进行公共资源分配的工具。不同城市都利用这项工具来进行发展资源的争夺，已经失去了户籍制度改革的本来意义。从暂住证向居住证、从计划指标控制向准入条件调控，这些户籍政策并没有真正触及城市公共资源供给和分配的地方利益根源，因而难以对城镇化产生很大促进作用。总之，时至今日，我国所有城市的户籍改革政策并没有出现对大多数流动人口有实质性意义的破冰举措。

第五章　户籍制度改革与城市福利制度

目前，我国现行户籍制度同城市福利制度紧密联系在一起，成为就业、教育等社会领域有效分配和管理的重要手段。这也是我国户籍制度区别于国际通行户籍管理制度的主要内容。因此，研究户籍背后的福利因素对推进我国的户籍制度改革进程、挖掘福利和户籍的内在联系，从而真正实现户籍与福利的有效剥离，无疑具有重大的意义。

第一节　就　业

一、二元就业制度的形成

我国城乡分割的二元就业制度是和二元户籍制度紧密结合的。传统的计划经济体制下，二元户籍制度设立的初衷就是要限制农村人口进入城市就业，加上配套的粮食定量供应制度，我国农村居民被排斥在城市就业市场之外。随着 1958 年《中华人民共和国户口登记条例》的出台，农民进入城市被严格限制，必须持有城市劳动部门的录用证明、学校录取证明或者城市户口登记机关准予迁入证明，才可以办理户口迁出手续。

此后，我国长期实行计划经济体制下的统包统配的就业制度，城市里没有劳动力市场，而广大农民被严格束缚在土地上从事农业生产，不准进城从事非农生产。改革开放以后，我国的就业体制逐渐由计划分配体制向市场分配体制过渡，市场机制在就业市场发挥的作用越来越大。1992 年中共十四大后，我国就业制度逐步进入以制度创新为主要内容的新阶段。市场导向型就业机制逐步确立，政府一直采取积极的就业政策，逐步推广劳动合同制，完善就业相关的法律法规等。

尽管如此，我国城市的劳动力市场仍然是二元的。城市户籍居民和外来人口在就业保障、就业服务和劳动待遇等方面还存在较大的差距。外来人口少重视、受歧视的就业境遇还没有从根本上改观。可以说，只要还存在二元户籍制度，与之相联系的二元就业制度就必然会长期存在（如表 5–1 所示）。

表 5–1　近年来我国推进就业体制改革的重大举措

时间	文件	主要内容
2004 年的“一号文件”	《中共中央国务院关于促进农民增加收入若干政策意见》	①进一步清理和取消针对农民进城就业的歧视性规定和不合理收费。②城市政府要切实把对进城农民工的职业培训、子女教育、劳动保障及其他服务和管理经费，纳入正常财政预算。③及时解决进城就业农民工资拖欠问题、改善他们的劳动条件、解决子女入学等问题。④健全有关法律法规，依法保障进城就业农民的各项权益。⑤推进大中城市户籍制度改革，放宽农民进城就业和定居的条件
2006 年的“一号文件”	《中共中央国务院关于推进社会主义新农村建设的若干意见》	①严格执行最低工资制度，建立工资保障金等制度；②建立健全城乡就业公共服务网络；③完善劳动合同制度，加强务工农民的职业安全和卫生保护等一系列具体措施
2007 年的“一号文件”	《中共中央国务院关于积极发展现代农业扎实推进社会主义新农村建设的若干意见》	加大对农村劳动力转移就业培训支持力度，进一步提高补贴标准，充实培训内容，创新培训方式，完善培训机制；适应制造业发展需要，从农民工中培育一批中高级技工；鼓励用工企业和培训机构开展定向、订单培训；组织动员社会力量广泛参与农民转移就业培训等
2008 年 1 月 1 日	《中华人民共和国劳动合同法》	劳动合同在明确劳动合同双方当事人的权利和义务的前提下，重在对劳动者合法权益的保护，被誉为劳动者的“保护伞”，为构建与发展和谐稳定的劳动关系提供法律保障。作为我国劳动保障法制建设进程中的一个重要里程碑，劳动合同法的颁布实施有着深远的意义

续表

时间	文件	主要内容
2011年5月31日	《国务院关于进一步做好普通高等学校毕业生就业工作的通知》	要求直辖市外各城市应取消高校毕业生落户限制
2011年6月8日	《全国主体功能区规划》	规定“优化开发和重点开发区域要实施积极的人口迁入政策，加强人口集聚和吸纳能力建设，放宽户口迁移限制，鼓励外来人口迁入和定居，将在城市有稳定职业和住所的流动人口逐步实现本地化”。“改革户籍管理制度，逐步统一城乡户口登记管理制度。加快推进基本公共服务均等化，逐步将公共服务领域各项法律法规和政策与现行户口性质相剥离。按照‘属地化管理、市民化服务’的原则，鼓励城镇化地区将流动人口纳入居住地教育、就业、医疗、社会保障、住房保障等体系，切实保障流动人口与本地人口享有均等的基本公共服务和同等的权益”
2012年2月23日	《关于积极稳妥推进户籍管理制度改革的通知》	要分类明确户口迁移政策，放开地级市户籍，清理造成暂住人口学习、工作、生活不便的有关政策措施；依法保障农民土地权益；着力解决农民工实际问题，对农村人口已落户城镇的，要保证其享有与当地城镇居民同等的权益；对暂不具备落户条件的农民工，要有针对性地完善相关制度，下大力气解决他们当前在劳动报酬、子女上学、技能培训、公共卫生、住房租购、社会保障、职业安全卫生等方面的突出问题；今后出台有关就业、义务教育、技能培训等政策措施，不要与户口性质挂钩
2014年7月30日	《关于进一步推进户籍制度改革的意见》	完善就业失业登记管理制度，面向农业转移人口全面提供政府补贴职业技能培训服务，加大创业扶持力度，促进农村转移劳动力就业
2015年4月27日	《关于进一步做好新形势下就业创业工作的意见》	强化公共就业创业服务。加快公共就业服务信息化。加快建立统一规范灵活的人力资源市场，消除城乡、行业、身份、性别、残疾等影响平等就业的制度障碍和就业歧视，形成有利于公平就业的制度环境
2017年4月19日	《关于做好当前和今后一段时期就业创业工作的意见》	健全城乡劳动者平等就业制度，探索对劳动者在农村常住地进行失业登记，并提供相应的就业服务和政策扶持

资料来源：根据相关文件整理。

二、二元就业制度的现状

在城乡二元就业制度下，我国实际上形成了市民与农民、市民与外来人口两个层面的双重分割的劳动力市场。在城市的劳动力市场上，城市居民主要在正规部门就业，而以农民工为代表的广大流动人口多数在次要劳动力市场上非正规就业。两种就业形态在就业准入、就业培训、就业服务、劳动待遇等方面存在着很大的差异和不平等。

（一）就业准入不公平

二元户籍制度所决定的二元就业制度使城市存在两个劳动力市场。城市居民受户籍制度保护，主要就业于党政机关、国有企业、事业单位等主要劳动力市场，拥有正式稳定工作，工资待遇和福利水平有保障；而农民工等外来人口主要就业于私营企业、个体工商户、服务业等次要劳动力市场，绝大多数处于非正规就业，就业稳定性差，就业环境和待遇水平较低。这两个劳动力市场是相互隔绝的，城市居民基本不愿意从事农民工的非正规工作，农民工也没有机会进入主要劳动力市场改变命运（如表5-2所示）。

表5-2 二元劳动力市场的划分

一级市场	二级市场
国家机关、党群组织、企业、事业单位负责人；专业技术人员；在机关团体事业单位、国有及国有控股企业、集体企业内工作的全部职工	在私营、个体工商户、其他类型、其他工作单位就业的下列职业：办事人员和有关人员；商业、服务人员；农、林、牧、渔、水利业生产人员；生产、运输设备操作人员及有关人员；土地承包者

资料来源：严善平. 城市劳动力市场中的人员流动及其决定机制——兼析大城市的新二元结构[J]. 管理世界，2006（3）.

形成二元劳动力市场的主要原因在于传统的二元户籍制度对城市居民的就业保护。地方政府在充分保障城市居民就业权利的同时，对农业转移劳动力进城就业设置了许多不合理的甚至歧视性的限制性规定，如很多用人单位招工时明确要求应聘者必须具有当地户口，限制农民工进入的职业和工种，要求农民工就业登记、办理各种证卡等。

从城市居民和农民工的职业分布来看，城市户籍劳动者主要是技术人员、企业管理者、行政机关人员、办公室人员、司机、技术工人等，而农民工主要是非技术工人、服务业人员。总之，城市居民和农民工就业于两个不同的劳动力市场。城市居民凭借其具有的城市户口，可以从事比农民工更好的职业和工作。

（二）就业培训不公平

在就业培训方面，城市居民和外来人口也面临不一样的待遇。一直以来，我国各地政府为劳动力提供的就业培训服务都是以户籍人口为依据的，人员经费都是按照户籍人口的一定比例来配置的。城市里的农民工不是当地居民因而享受不到政府的就业培训服务。近年来，虽然国家加强了对农民工的就业培训工作，但大多数培训服务都是基于户籍来分配的，即采取以流出地培训为主的方式。即使这样，相比城市职工的培训服务，农民工培训无论是在规模还是水平上，都和城市职工有较大差距。

从用人单位内部的培训服务来看，城市职工一般都可以获得有组织的定期的各种培训服务，提升个人素质和能力，好的单位还为职工提供职业发展规划，建立正常的上升机制。而对于广大农民工而言，他们的非正规就业的状况决定用人单位基本不会提供职业培训，也不会有上升通道。大多数人只能长期就业于底层的岗位上，就业状况也不稳定，随时都有可能更换工作。

（三）就业服务不公平

目前，国家层面还没有专门针对农村转移劳动力的就业服务规划，与城市劳动力相比，农民工在城市就业获得政府的就业服务较少，就业难度更大，就业权益难以充分保障。城市劳动者靠近劳动力市场，政府也提供很多就业信息和就业渠道，针对就业和创业的扶持政策也比较完善，能同时在资金和项目上予以扶持。目前，针对农村转移劳动力的市场信息服务还很不完善，农民外出就业主要依靠亲友或熟人介绍等非正规渠道。在就业权益保障方面，农民工就更加处于弱势地位，其合法权益经常受到损害，自身维护能力不足，政府的维权服务也不到位。

（四）劳动待遇不公平

在二元就业制度下，农民工和城市劳动者有着完全不同的劳动待遇。从工作环境来看，农民工往往从事的是比较辛苦、卫生程度差的工作，很多企业的安全和卫生状况都达不到国家标准，因此他们出现职业病和工伤事故的概率很大。从劳动合同来看，低层劳动力劳动合同签订率较低，合同不规范，对雇主的约束力不够，在发生纠纷时，很难保障自身权益。最重要的是，农民工与城市职工存在同工不同酬，待遇差别很大。进入正规单位工作的农民工，一般都被界定为合同工和临时工，工资待遇和社会保险与正式职工存在显著差别，很难享受到正式职工具有的各种社会保险。即使失业，城市职工也有失业保险，还可以获得政府和社区提供的失业救济和就业援助服务。而农民工由于没有城市户口，这些服务都不能享受。

三、二元就业制度的影响

二元就业制度导致城市里不同户籍的人员就业不平等，农民工群体在城市难以找到好的工作，劳动报酬低，得到的就业服务少，劳动权益保障乏力，因此，虽然他们在城市就业，但二元就业制度却降低了他们市民化的能力，抑制了市民化进程。

（一）二元就业制度弱化了农民工的市民化意愿

农民工在就业市场和用人单位受到种种不平等待遇甚至歧视行为，使他们在城市难以获得工作和生活的安全感和稳定性，加之直到目前，我国针对农民工的社会保险还不完善，农民工参保和社会保险转移接续都有很多工作要做的情况下，农民工很少在一个城市长时期工作和生活，大多数都处于流动就业状态。在目前的户籍制度下，他们落户城市市民的可能性不大，同时他们中也有不少人不太愿意留下来，部分农民工甚至对城市和市民存在抵触思想。

（二）二元就业制度降低了农民工的市民化能力

农民工完成市民化的转变，必须首先具有在城市长期稳定工作和生活的能力，其中，就业岗位和收入水平是重要考察因素。在二元就业体制下，农民工在城市的就业极不稳定，非正规就业岗位上的工资待遇往往很有限，难以支撑城市生活的巨大消费压力。目前，多数农民工选择的是挣钱带回老家，而不是在就业城市买房落户。从劳动技能和综合素质来看，多数农民工持久收入水平很难提高到足以支付市民化成本。因此，不改变二元就业体制，不提高对农民工的就业服务和就业援助水平，广大农民工就很难在城市立足，完成市民化转变。

（三）二元就业制度阻碍了农民工的城市融合

在二元就业制度下，农民工与城市职工职业隔离或同工不同酬，劳动待遇和就业服务差，因此，他们很难对城市产生认同感和归属感。市民和农民工生活在不同的社会网络，很难有交集。多数农民工都是集中居住，还保持着农村的生活习惯，即使已进城多年的农民工也很难真正融入城市的生活（如表 5–3 所示）。

表 5–3　农民工就业歧视的社会经济效应

影响对象	社会经济效应
农民工	制约了农村劳动力在城市的充分就业
	造成了潜在的社会不安定因素
	阻碍了农村剩余劳动力向城市的顺利转移
	严重制约着小康社会的构建
企业	企业成本增加，利润减少
	制约企业竞争力水平的进一步提高
	抑制了以非公有制经济为主的新生部门的发展
城市工人	城市就业者是歧视的唯一受益者
	总的就业岗位减少，对于城市工人的就业保护作用甚微
	社会所受损失大于所获收益，社会经济剩余减少

资料来源：根据有关资料整理。

四、二元就业制度的发展趋势

从上面的分析可以得出，现阶段破除城乡二元就业体制、形成城乡一体市场化的就业体制是我国市场经济发展的必然要求。近年来，我国已经提出要统筹城乡就业，规范人力资源市场，使城市和农村的劳动者平等就业，这就为我国下一步深化就业体制改革指明了方向。特别是在当前劳动力市场面临刘易斯拐点时，“用工荒”将为就业制度改革带来契机。

从加快推进城镇化和户籍制度改革的角度来看，二元就业制度也是未来改革的主要内容。农民工的市民化进程必然要解决农民工在就业市场的身份歧视和权利不平等问题。平等的就业权利也是市场经济发展的应有之义。当前，一些地区存在的“用工荒”问题，从一个侧面也反映了我国二元就业制度下农民工用脚投票选择工作地点的问题。那些不注重关心农民工就业权利、提高农民工待遇的城市必然也会被农民工“抛弃”。

从实际情况来看，目前我国许多城市已逐步开放劳动力市场，户籍因素对就业的影响越来越小，绝大部分行业和岗位已不再严格要求劳动者的户口性质。从劳动者的劳动权益方面来看，外来人口的合法劳动权益正越来越受到重视。

第二节　住　房

一、二元住房制度的形成

中华人民共和国成立以来，我国城市住房一直是作为社会福利的一部分而存在。绝大部分住房由政府投资建造并提供给各单位，由地方政府和各单位组织负责住房的分配和管理。进入 20 世纪 80 年代以后，城市住房制度开始进行大幅度商品化改革，由政府的福利分房为主向以市场机制提供住房为主转变（如图 5-1 所示）。

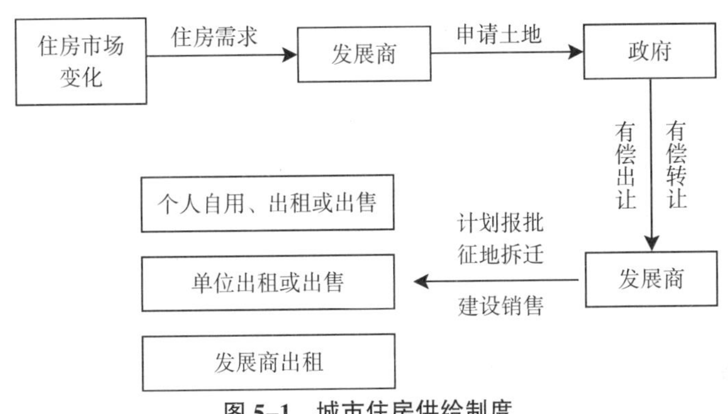

图 5-1 城市住房供给制度

1990 年后，随着城市住房制度改革的深化和房地产业的不断发展，城市住房的商品化率不断提高，市场化住房供给机制逐步完善。但同时，我国也开始建立城镇低收入群体住房保障体系，主要由经济适用住房、廉租房等构成。地方政府是保障性住房建造和分配管理的主体，解决了相当一部分城市低收入群体的住房需求。城市住房交易体系也比较完备，市民可以比较自由地买卖房屋。近年来，随着我国城市经济的发展和人民生活水平的提高，城市房产的增值效应十分明显，市民的财产性收入提高很快。

而我国农村的住房供给制度要相对简单，按照一户一宅的原则，我国农村居民家庭可以无偿获得一块宅基地的使用权，然后在获得相关部门批准后可以自行建造住房。农村住房的交易只能在集体成员之间进行，无法向集体组织之外的单位和个人出售，因此，其交易价值十分有限。

对处于城市和农村之间流动就业的农民工群体来说，一方面其收入水平难以承受城市的商品住房价格，另一方面又不是城市户籍人口的住房保障对象，因而其住房问题一直游离于法律和政策之外。绝大多数农民工住在工棚、集体宿舍或城市棚户区里，生活条件十分艰苦（如图 5–2 所示）。

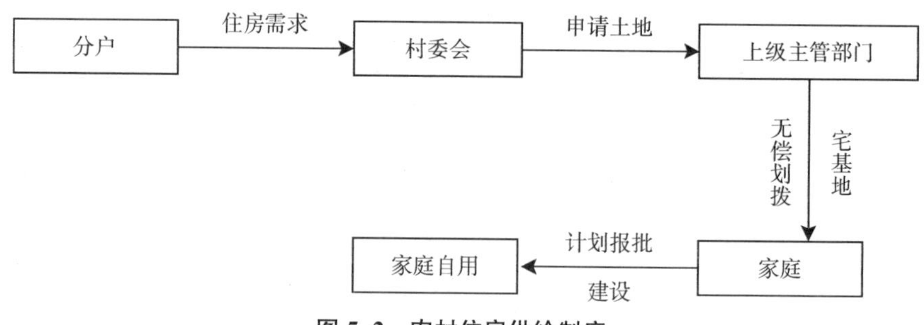

图 5–2　农村住房供给制度

在城乡二元住房制度体系下，一方面是城市市场化的住房交易市场，另一方面是农村相对固化的农村住房。在城镇化和农业转移人口市民化过程中，农民的宅基地及其住房难以完成市场交易，农民难以获得进城资本，进城的农民工也无法纳入城市住房保障体系，这些都将极大地抑制城镇化进程。

二、二元住房制度的现状

在二元住房制度下，我国农民工在城市面临的住房问题越来越严重。农民工基本没有纳入城市住房保障体系之内，他们的住房条件亟待改善。解决农民工市民化过程中的基本住房问题已成为我国人口城镇化发展的主要内容之一。

（一）农民工城镇住房保障制度的现状

从目前我国城市住房保障体系的现状来看，以农民工为代表的广大外来人口基本被排斥在以户籍为分配对象的城镇住房保障体系之外。

在经济适用房的申购上，2007 年，建设部颁布的《经济适用房管理办法》，明确规定“城市低收入家庭申请购买经济适用住房应当具有当地城镇户口”，将农民工群体排除在外。我国绝大多数城市都依照办法明确规定只有户籍人口是保障对象，外来人口无申购资格。尽管近年来国内一些城市如吉林、南昌、成都等地放开了农民工申购经济适用房，但是，从实际执行情况来看，真正能够申请购买经济适用房的农民工寥寥无几。

在廉租房的问题上，同样也存在类似问题。2007 年颁布的《廉租房保障办法》中，廉租房的申请还是受到了户籍制度的限制，要求家庭成员中至少要有一人具备本地非农业常住户口。近年来推出的还有限价房政策，同样也是将没有当地户口的农民工和外来人口排除在外，农民工始终无法享受到城市政府的这一住房福利。

再看住房之外的相关补贴政策，如在住房公积金政策上，城市中很多正规单位都为外来人口缴存了住房公积金，但是农民工就业的大多数非正规单位，这项政策基本没有得到认真执行，多数农民工在城市不能用公积金贷款购房。此外，由于公积金的城市间转移接续制度并没有建立，对于流动性较强的农民工个人来说也不情愿从工资中扣缴公积金。

在住房补贴方面，1998 年我国推进住房制度改革后，各地政府都相继出台了针对财政供养职工的住房补贴政策。但是，作为没有当地户籍的外来人口，特别是从事底层工作的农民工群体，城市住房补贴政策显然与他们无关。

从上述分析可以看出，我国城市住房保障制度对进城农民工具有强烈的社会排斥。这种建立在户籍制度之上的歧视性的住房保障制度将严重阻碍我国人口城镇化和农业转移人口市民化进程。

（二）农民工住房政策的提供模式

目前，因农民工自身收入有限，用人单位也不愿投入过多成本用于农民工居住，在我国城市里工作的广大农民工群体多数居住在用人单位自建的简易房、自己租赁的“城中村”房屋或条件较差的员工宿舍里。许多房屋的卫生条件、治安环境、光线条件等都比较差，甚至存在比较严重的消防和安全隐患。

从新生代农民工外出居住的情况来看，他们的居住情况与上一代农民工有所差异。新生代农民工相对于主要从事建筑业的上一代农民工而言，就业相对更具有稳定性，在工厂或服务业企业“上班”的比例更大，用人单位一般都提供单位宿舍。随着我国城市房价的不断上涨，有能力购买自住房的农民工越来越少。新生代农民工在城市的定居落户，住房将是一个重要的制约因素。

三、二元住房制度的影响

相对于农民住房的固化和不能自由流转变现的特点，我国城市居民的住房市场化改革较为彻底，在充分竞争的市场环境中居民住房资产的变现和增值更容易实现。从20世纪末的城市住房改革到目前，由于城镇化进程的快速推进，以及城市土地供给的稀缺性，城市居民依靠房产的增值获得了大量的财产性收入。而与此同时，广大农民工凭借多年打工积累在农村的自建房却在不断贬值。在我国特有的二元住房体制下，城乡不同居民的住房价值被异化和扭曲化，导致城乡居民的收入水平和财产价值的差距越来越大。面对不断高涨的城市房价，收入微薄的农村居民在城市居住安家的成本越来越高，被阻挡在城镇化大门之外。同时，农民工群体也基本被排除在现行的城市住房保障体系之外，进城定居难以获得政府的住房保障。

目前，农民工的城市的居住区域基本上是与城市居民分割开来的。城市社区和农民工聚居区构成了两种有着显著差别的生活形态。西方学者的研究表明，居住隔离将会对弱势群体的道德水平、劳动力产出、公共品消费及福利水平产生显著负效应，最可怕的后果是不同阶级和阶层由于长期的相互隔离最终导致对立甚至阶级冲突和对抗。① 尽管国

① 吴炜，朱力. 农民工住房福利现状与政策走向——基于福利多元主义的视角［J］. 长白学刊，2012（2）.

外不完全了解中国国情，其言有偏颇之处，但也要看到，我国城市中广泛存在的城中村是典型的农民工聚居区。其社会关系网络多以血缘、地缘为纽带，与城市主流文化容易产生隔阂甚至碰撞，长期来看，不利于农民工市民化过程中市民社会的形成。

农民工进城落户、完成市民化转变，首先要解决住房问题。如果农民工没有能力购买或长期租房居住，同时政府也没有纳入保障房保障对象，那么，农民工市民化将是一句空话，城市只是农民工一生中的一个又一个驿站，成为不断流动就业的过客。没有相对稳定的住房，农民工将无法实现自身及其家庭的整体性迁移和永久居住，最终只能回流到农村或较小的城镇。

四、二元住房制度的发展趋势

农民工在城市的住房问题不仅是一个重大的民生问题，更关系着我国人口城镇化顺利推进的大局。目前，中央政府和一些地方政府已逐渐开始重视解决农民工住房问题，一些省市陆续出台了许多农民工住房的解决办法和措施。总体来看，地方政府的农民工住房政策创新主要有以下四方面政策。

（1）住房公积金政策。如浙江湖州市和广东东莞市将农民工纳入城镇住房公积金政策覆盖范围。

（2）建设农民工公寓和农民工宿舍。这是各地解决农民工住房的普遍做法，上海、重庆等一些城市都在农民工较多的开发区、工业园区建设了农民工公寓和农民工宿舍，较大地改善了农民工的居住条件。

（3）将一部分符合条件的农民工纳入经济适用房保障范围。如南昌等地通过设置一些门槛条件，使一些在当地长期工作的农民工具有经济适用房申请资格。

（4）改善农民工居住环境。如上海等地加强农民工居住质量管理，明确规定人均居住面积、单间居住人数以及配套设施等。

应该说，上述做法是值得充分肯定的，但从实际情况来看，完善农民工住房政策还有一些“瓶颈”因素亟须突破。如农民工公寓建设如何定位，在工业用地和集体土地上建设农民工公寓是否符合法律要求，用地性质如何界定。政府与企业在建设农民工公寓中的职能定位和责任划分如何解决等问题都有待进一步明确。

从长期来看，建立城乡统一的住房制度体系是我国城镇化和公共服务均等化发展的必然要求。只有这样，才能统一城乡住房市场，让农民平等享受城镇化红利，同时也能有效提高进城定居人口的资本积累，减轻农业人口市民化过程中的风险。

第三节　社　保

一、二元社会保障制度的形成

中华人民共和国成立之初，我国便建立城乡有别的社会保险制度。城市地区建立了面向城市企业劳动者的社会保险制度，农村则主要以家庭保障和土地保障为主，我国二元社会保障逐步形成。

在1949年9月全国人民政治协商会议通过的具有宪法效力的《共同纲领》中，便规定要在企业中逐步实行劳动保险制度。此后，1951年2月《中华人民共和国劳动保险条例》正式出台，将企业职工的伤残、疾病、生育、年老、死亡等项目及职工供养直系亲属的有关待遇纳入劳动保险范畴。国家和企业提供全部保险费用，职工个人不用缴费。此后，经过60余年的不断发展完善，我国城镇社会保障制度体系逐步完善。

中华人民共和国成立初期，我国农村基本没有建立社会保险制度。

农民的养老需求基本是由农民家庭独自承担，土地收入是他们的主要收入来源，也是保障农民家庭生产生活需要的基础。从 1958 年开始建立的农村合作医疗制度同城市医疗保险制度相比，其保障能力微不足道，很难满足农民大病保障需求。农村集体实行的“五保”［保吃、保穿、保医、保住、保葬（儿童保教）］制度，只能覆盖很少量部分没有经济能力的人口，即所谓的“五保户”。

综上所述，城乡二元的社会保障制度是计划经济体制下我国城乡二元经济社会结构的重要组成部分。城乡居民两种不同的社会保障模式和待遇水平是我国深化社会保障制度改革面临的基本背景，改革方向就是要逐步剥离户籍与社会保障的直接联系，朝着建立城乡统一的社会保障制度体系迈进。

二、二元社会保障制度的现状

近年来，虽然我国在加强城乡社会保障制度建设方面取得了很大成效，各项社会保障的覆盖范围逐步扩大，保障水平也在不断提高，但是，因我国在城乡社会保障建设方面历史欠账太多，改革推进又未进行系统设计，各种社会保障项目碎片化现象严重。因此，社会保障领域还继续维持城乡二元特征，在城市内部，针对农民工的社会保障还有许多工作要做，制度设计还有待进一步完善。如表 5–4 所示。

表 5–4　我国城乡二元社会保障模式对比

社会保障类型		城镇社会保障模式	农村社会保障模式
养老保险	保障方式	社会统筹与个人账户相结合	家庭为主，社区扶持
	保障对象	城镇劳动者、城镇居民	农村居民
	资金来源	国家、企业、个人共同承担	个人缴费、集体补助和政府补贴相结合
	统筹层次	全省	全县
	保障性质	强制性	自愿性
	资金运作	现收现付转向半资金积累制	个人储蓄积累制

续表

社会保障类型	城镇社会保障模式	农村社会保障模式
医疗保险	社会统筹与个人账户相结合	合作医疗
失业保险	由企业按职工工资总额一定比例筹交	土地保障
工伤保险	普遍建立	尚未建立
社会救助	最低生活保障制度	农村社会救助

资料来源：根据相关法律法规整理。

从表 5-4 可以看出，我国城镇和农村各项社会保障项目之间，无论是制度设计还是保障水平，农村社会保障制度与城镇社会保障制度还存在相当大的差别，传统的家庭保障和土地保障仍然是农民进行社会保障的主要方式。

针对农民工的社会保障，近年来我国逐步完善制度建设。2011 年 7 月 1 日，我国《社会保险法》正式实施，其中也明确了农民工群体参加社会保险的办法。但从目前实际情况来看，在加快推进城镇化和农民工市民化的过程中，农民工的社会保险工作还存在很多问题需要解决。主要有以下三个方面：

（1）参加城镇职工社会保险的农民工比例依然较少。据有关部门统计，目前除工伤保险之外，农民工参加各项城镇职工社会保险的比例均不及 30%。从原因来看，这主要是多数农民工灵活就业和劳务派遣就业的特点所决定的。现行的各项城镇社会保险费率较高，用人单位和农民工个人都难以承担。一些企业采取种种办法逃避责任，不给农民工办理社会保险，特别是一些劳务派遣公司这种现象更为普遍。此外，也有管理体制不顺、统筹层次较低等方面的原因，影响了农民工的参保、关系转移和享受待遇等。

（2）城乡各项社会保险制度无法实现转移接续。对于流动性较强的广大农民工群体来说，目前我国很多地方城乡各项社会保险制度还没有实现对接，城乡两种社会保险模式之间制度不统一，待遇有差别。因此，农民工参加城镇社会保险的积极性不高，这在一定程度上制约了农民工参加城镇社会保险的比例提高。

(3) 部分农民工重复参保、中断参保现象较普遍。重复参保是指农民工既在农村参加新农保和新农合，又在城镇参加职工养老保险和医疗保险。因农民工跨省跨市就业比重大，而各项保险的统筹层次又偏低，因此，农民工重复参保问题一时很难解决。中断参保是指用人单位或农民工自身因不愿缴费或保险无法接续而中断缴纳社会保险费。这种情况对于非正规就业的农民工非常普遍。

此外，农民工社会保障制度还面临一些制度性障碍。如城镇社会救助、低保、社会福利等一些社会保障项目还没有向农民工开放；各地社会保障项目存在很大差异，转移接续问题很多，这对于习惯于流动就业的农民工来说影响很大。

三、二元社会保障制度的影响

城乡二元社会保障制度的实施，使我国形成了两种社会保障模式、两种福利待遇的两类群体。社会保障福利的巨大落差虽然有利于我国工业化过程中的原始积累，但长期来看，我国社会保障制度的城乡差异和碎片化将严重制约我国的工业化和城镇化的发展，也不利于公民平等享受福利保障。

首先，农民工不参加城镇社会保障将导致农民工流动就业长期化并最终回流农村，严重阻碍我国城镇化水平的提高。同时人为压低劳动成本的做法也不利于我国经济结构的转型升级。

其次，农民工社会保障的转移接续问题不利于劳动力资源的自由流动和合理配置。劳动力的流动如果不能同时伴随着劳动力各项权益的转移，将会导致劳动力向高福利地区转移，或为了流动就业而放弃权益，两方面都不利于我国统一的劳动力市场的建立。

最后，农民工社会保障权益的差别将严重影响社会和谐稳定。由户籍属性差别而导致的社会保障利益差距，违背了公平公正的一般原则，不利于农民工融入城市，容易造成农民工与市民的矛盾对立。

四、二元社会保障制度的发展趋势

目前，改革我国二元社会保障制度已成为社会共识。从未来一段时期来看，我国二元社会保障制度将会逐步向城乡统一、公平待遇方向转变，为我国加快推进城镇化和基本公共服务均等化积蓄正能量。

一是社会保障制度将逐渐由城乡二元走向城乡一体化。我国是社会主义国家，实现公民之间全面而平等的社会保障是我国发展的内在要求。建立城乡一体、无差别的社会保障制度是我国加快推进城镇化进程的必然要求，同时也是我国城乡发展一体化的必然结果。

二是农民工参加城镇社会保障项目的比例将会越来越高。随着社会保障制度改革的深化和户籍制度改革的推进，城镇社会保障作为一项基本公共服务和基本人权保障的理念将会逐步被各级政府和用人单位接受，各级财政和用人单位将会加大对职工社会保障的经费支出。同时，农民工社会保障的转移接续问题将会有制度层面的解决方案，农民工参保不再是一件“划不来”的事情，而是与市民一样享受参保人的各项权益。

第四节　教　育

一、二元教育制度的形成

我国二元教育制度是建立在城乡二元结构的基础上的。在城乡二元分割的教育体制下，我国农村教育和城市教育之间的发展差距巨大。由于教育本身具有的代际传递特征，这种差距不仅体现在当前的城乡教育水平，更在长期内形成了城乡社会不平等的制度惯性和动力机制。

户籍制度是我国城乡二元教育结构产生的根本社会制度。长期以来，我国形成了以“分级办学”和“城市为中心”的公共教育资源配置机制，城乡儿童在不同的社会环境和制度下获取自身的教育资源。城市的义务教育主要由政府财政负担，而农村的义务教育投入则主要由农民自己承担。在这样的教育体制下，城乡政府自行筹措和分配义务教育资金。也就是说，各地的义务教育发展水平取决于地区经济发展水平和财政收支状况。正是在这样的教育体制下，我国农村教育事业积贫积弱，在学校环境、师资力量、教学设备等方面都要远远落后于城市地区（如表 5–5 所示）。

表 5–5　近年来我国解决流动人口子女教育的主要政策

时间	政策文件	主要内容
1996 年	《城镇流动人口中适龄儿童少年就学办法(试行)》	在部分省、市进行试点
1998 年 3 月	《流动儿童少年就学暂行办法》	强调流入地人民政府应为流动人口子女创造条件，提供接受义务教育的机会。该办法还允许招收流动儿童少年就学的全日制公办中小学收取“借读费”
2001 年	《国务院关于基础教育改革与发展的决定》	基本上确定了流动人口子女教育“两为主”的方针，国家对流动人口子女进城上学逐渐从“限制”转向“支持”
2003 年 9 月	《关于进一步做好进城务工就业农民子女义务教育工作的意见》	规定由流入地人民政府负责农民工子女接受义务教育工作，接收的学校以全日制公办中小学为主
2006 年 6 月	《中华人民共和国义务教育法》	法律上明确规定流入地政府为流动人口子女提供平等接受义务教育的义务
2010 年 3 月	《国家中长期教育改革和发展规划纲要》(2010~2020 年)	组织实施了 10 个牵动全局、影响深远、带给人民群众实惠的重大项目，部署了 10 个重大改革试点
2014 年 7 月 30 日	《关于进一步推进户籍制度改革的意见》	保障农业转移人口及其他常住人口随迁子女平等享有受教育权利；将随迁子女义务教育纳入各级政府教育发展规划和财政保障范畴；逐步完善并落实随迁子女在流入地接受中等职业教育免学费和普惠性学前教育的政策以及接受义务教育后参加升学考试的实施办法

续表

时间	政策文件	主要内容
2014年9月12日	《国务院关于进一步做好为农民工服务工作的意见》	保障农民工随迁子女平等接受教育的权利。输入地政府要将符合规定条件的农民工随迁子女教育纳入教育发展规划。公办义务教育学校要普遍对农民工随迁子女开放。积极创造条件着力满足农民工随迁子女接受普惠性学前教育的需求。各地要进一步完善和落实好符合条件的农民工随迁子女接受义务教育后在输入地参加中考、高考的政策
2016年7月2日	《国务院关于统筹推进县域内城乡义务教育一体化改革发展的若干意见》	改革随迁子女就学机制。各地要进一步强化流入地政府责任，将随迁子女义务教育纳入城镇发展规划和财政保障范围。利用全国中小学生学籍信息管理系统数据，推动“两免一补”资金和生均公用经费基准定额资金随学生流动可携带。要坚持以公办学校为主安排随迁子女就学

资料来源：根据有关文件整理。

我国城乡分割的二元教育体制还延伸到流动人口子女义务教育公平问题。改革开放以来，随着我国城乡之间、地区之间人口流动规模的不断扩大，流动人口子女跟随父母在流入地接受教育逐渐盛行，同时城乡教育投入和教育水平的差异促使了更多的农村适龄儿童流入城市接受优质教育。针对流动人口子女的教育问题，近年来，各级政府及其教育主管部门都高度重视，陆续出台了一系列流动人口子女在流入地平等接受义务教育的法律法规和政策性文件。总的要求是，各地政府要坚持以流入地管理为主，以公办中小学为主的“两为主”方针，切实承担起统筹安排流动人口子女教育的工作责任。

但是，由于城市教育资源尤其是优质教育资源的有限性，一些城市在贯彻落实中央有关流动人口子女教育方针的基础上，也都采取了一些变通措施，如有的地方政府采取指定部分非优质校承接流动人口子女，有的采取将流动人口子女单独分班教学等，这种对非户籍学生采取“隔离”的歧视性做法不利于中央有关教育公平理念的实现，严重制约流动人口及其子女融入城市并最终完成市民化转变。

二、二元教育制度的现状

在我国目前的城乡二元教育制度下，不仅城乡之间面临教育平等的重大课题，解决进城农民工随迁子女的义务教育更是当务之急，这在当前加快推进城镇化进程的语境下显得尤为重要。从目前实际情况来看，我国农民工随迁子女义务教育主要存在以下几个方面的问题。

（一）入学机会不公平

目前，农民工随迁子女义务教育入学机会不公平，其根源就在于城乡二元的户籍管理制度。虽然国家明文规定要采取“两为主”的方针解决流动人口子女入学问题，但是，这无疑将会给农民工流入地政府带来财政负担。实践中，一些地方政府往往对农民工随迁子女入学采取种种限制手段甚至隔离措施。

如一些城市对办理农民工子女入学设置众多关卡，要求农民工本人及其子女提供务工证、居住证、子女学籍证明、计划生育证明等多项证明材料，过于烦琐的手续往往将一部分农民工随迁子女挡在城市公立学校之外，实质上是通过设置入学障碍变相地提高了农民工随迁子女的入学门槛，违背了国家有关农民工子女平等接受义务教育的初衷。

（二）教育资源不公平

教育资源不公平主要是指城市公办学校与农民工子弟学校办学条件的巨大差距。当前，不少城市中农民工子弟学校成为农民工子女接受义务教育的主要场所，在解决流动人口子女入学方面发挥着重要作用。但是，这些学校一般都存在办学条件差、师资力量弱、学习环境恶劣等问题，与城市公办学校相比，无论是办学条件还是办学水平都存在相当大的差距。大部分农民工子弟学校达不到国家规定的办学标准，正式教师少且流动性较大，不少学校经营难以合法化，很难得到当地政府的支持和帮助。

与城市户籍的学龄儿童相比，农民工子女在城市接受义务教育过程中所享受的教学环境和教育水平是不公平的，而这种不公平性主要取决于他们的户籍身份。因此，农民工子女在城市平等接受义务教育的前提是教育资源与户籍“脱钩”，加快推进附着在户籍制度之上的二元教育体制。

（三）高中阶段教育政策体系尚未形成

目前，我国流动人口子女在城市接受义务教育方面已经形成了比较完善的法律法规和政策体系，但是对于流动人口子女非义务教育阶段的政策体系还亟待完善。从实践来看，我国地方政府对解决此类问题进行了一些初步探索，各地政策的差异性也比较大，对农民工随迁子女初中后教育主要形成了严格限制型、条件限制型、完全开放型和职业教育型等管理模式（见表5-6）。

表5-6　农民工随迁子女初中后教育的类型

	主要内容	特点
严格限制型	当地高中只接纳本地户籍的初中毕业生	农民工随迁子女无法在流入地就读高中
条件限制型	对农民工随迁子女设置一定的报考条件，如学籍，证件等	入学手续烦琐，入学机会少
完全开放型	农民工随迁子女可以接受流入地所有高中阶段教育	与本地学生完全享受同等待遇
职业教育型	放宽农民工随迁子女接受中等职业教育的条件	有序放开，试点先行

资料来源：根据有关资料整理。

总体来看，农民工子女在城市接受初中后教育的门槛还比较高，绝大多数农民工子女只能是回原籍接受教育。在当前加快推进城镇化的背景下，农民工家庭的城乡隔离将不利于农业转移人口“离土进城”、融入城市。

此外，流动人口子女高考问题日益凸显。目前，农民工随迁子女在城市完成义务教育阶段学习的越来越多，其中有相当一部分人在流入地接受高中阶段学习。但根据目前我国的高考政策，高等学校招生考试报名必须以户籍为依据。也就是说，农民工随迁子女必须回原籍参加高考报名。由于高考制度改革后我国各地的高考内容、方式、试题等都不尽相同，这就使回原籍参加考试的农民工子女考试成绩受到很大影响，难以与原籍地学生平等竞争。

形成“异地高考”矛盾和问题的主要原因是我国以户籍为依据的高考招生录取制度。没有户口就不能在流入地参加高考报名和录取的政策，实质上是为了维护流入地本地户籍学生的利益。在一些高等教育资源优势地区，拥有本地户籍的学生考上好大学的比例要大得多。

三、二元教育制度的影响

我国长期实行的城乡二元教育体制用传统的户籍制度把城市儿童和农村儿童割裂开来，使城乡儿童在不同的教育制度下获取不平等的教育资源。这种体制安排损害了广大农村儿童平等接受教育的权利，影响了农村儿童通过正规教育提升自身素质和能力的可能性。进城的农民工随迁子女的教育问题不解决，将增加农民工的进城成本，严重阻碍农民工及其家庭的“离土进城”、融入城市。如果农民工随迁子女不能在流入地解决教育问题，农民工很有可能回流农村或小城市。他们的子女也难以通过上大学来改变命运，可能会过早地弃学打工，再次面临市民化挑战。

四、二元教育制度的发展趋势

农村儿童和农民工随迁子女平等接受教育是我国教育事业发展的主要目标，他们的受教育状况正日益受到社会各界的广泛关注。其中，义务教育阶段具有重要的公益性质，政府应承担起提供公共产品的主要责任。

目前，农民工随迁子女平等接受义务教育的问题已越来越受到社会各界的关注。从政府方面来看，近年来，我国国务院和教育主管部门出台了一系列促进教育公平发展、着力解决非户籍常住人口子女入学问题的政策措施。目前，对农民工随迁子女的教育问题总的方针是坚持“两为主”的基本原则。在《国家教育事业发展第十三个五年规划》中，也要求解决外来人口子女在常住地接受高中阶段教育问题以及参加升学考试的问题。中共十九大报告则强调，要推动农民工子女平等接受教育，让每个孩子都能成为有用之才。“义务”二字的去掉，以及各地出台的异地高考制度，都显示出农民工子女的公平教育权益得到了大幅度提升。

第五节　主要结论

通过上述分析，我们可以认为，现行户籍制度是伴随着中华人民共和国成立以来城乡分治的二元结构之上的一系列体制和制度的集合，是我国经济调控、社会治理、财富分配的基础和依据。依据现在户籍制度管理的城市福利和保障体系呈现出高度的二元化特征，广大流动人口特别是农民工群体受到较多的福利歧视，很难享受到城市福利和保障，因而严重阻碍了城市中非户籍常住人口的市民化进程。从发展趋势来看，目前，我国各地的户籍管制趋于放松，流动人口的基本公共服务水平也在不断提高，与户籍人口的福利差距正逐渐缩小，多数城市户口的含金量已大大降低。

一、户籍制度改革关键是剥离户籍背后的福利和利益

现行户籍制度以及与户口捆绑在一起的教育、就业、住房、公共福利等社会制度，一起构成了城乡二元社会管理体制。户籍制度事实上承担了作为福利和利益分配载体的职能。户籍制度改革从某种程度

上已经超越了户籍制度本身，不仅包括改革传统的户籍登记迁移制度，更重要的是要逐步剥离附加在户籍上面的不合理社会政策。户籍改革的真正难点就在于户籍与附加利益的剥离，推进教育、就业等社会领域自身改革，形成不以户籍为管理依据的社会管理体制。

二、从国家层面和整体情况来看，城市户口与社会福利的联系有所松动

近年来，传统的户籍制度已适应形势做了很大改变，越来越多的城市放宽了落户门槛，外来人口流动就业的限制正逐步取消；农村教育投入不断增加，农民工随迁子女义务教育问题基本得到解决；城市的公共服务逐渐向全体常住人口延伸，户口与社会福利政策逐步“脱钩”。2012 年 2 月，国务院出台《关于积极稳妥推进户籍管理制度改革的通知》，明确提出要加快剥离户籍与福利，今后出台的政策不再与户籍相挂钩。今后，推进城镇常住人口公共服务均等化将成为户籍制度改革的重要内容之一。

三、现行城市福利和保障体系仍以户籍人口为对象，户籍与福利仍然没有“脱钩”

随着我国户籍制度改革的不断深入，依附在户籍之上的城镇福利和保障体系也发生了变化，与户口直接联系的福利和保障大大减少。但是，由于我国社会福利和保障体系的建设深深植根于城乡二元经济的土壤，构建不再主要依赖户籍的社会管理体制需要一个较长的时期，从“城乡分割”到“城乡一体”，弱化户籍与社会福利的联系将是一个逐步实现的过程。当前，通过设置落户门槛来调控城市福利和保障水平仍是我国多数城市户籍制度改革的主要目的和手段。落户门槛与社会福利紧密联系，门槛条件越高，则城市所含社会福利越高；反之亦然。城镇户籍人口享有的社会福利比非户籍人口要丰富得多。

四、不同户籍和不同区域人口福利级差的存在与“分灶吃饭”的财政管理体制密切相关

通过上述分析，我们发现，户籍制度与城市福利制度密切相关，城乡二元福利制度正是建立在二元户籍制度之上的。在二元户籍和福利分配体制下，不同户籍和不同区域人口存在巨大的福利级差。而造成福利级差的重要原因就是分级管理、“分灶吃饭”的二元财政管理体制。不改革这种财政管理体制，建立在此基础上的社会福利制度也难以创新，二元户籍制度也就失去了改革的动力机制。因此，当前地方政府在推进户籍制度改革时首要考虑的问题就是地方财政的负担能力。城市新增户籍人口必须要与财政社会福利支出能力相匹配，这是地方政府放开户籍、设置落户条件时首要考虑的问题。对于户籍含金量较小的城市和小城镇来说，对新增户籍人口的财政支出压力较小，因而户籍门槛相对较低；对于户籍含金量较高的大城市和特大城市而言，户籍人口的增加将会带来较大的财政压力，因而这类城市的户籍门槛也要求较高。

第六章　户籍制度改革与农村土地管理制度

自古以来，我国历史上的户籍制度与土地制度都有着十分密切的联系。中华人民共和国成立后，户籍是政府分配土地、征收赋税和徭役的基础依据。当前，我国推进农业转移人口市民化，在农民转户过程中就必然会涉及土地问题的处理。与农民有关的土地问题主要包括承包耕地、林地、宅基地及所属住房，以及集体经济组织和集体资产。目前，现行土地管理制度对农民转户过程中土地问题的处理办法已严重滞后于人口城镇化发展的需要，亟待进一步改革完善。

第一节　承包地

一、农民落户城镇土地退出要求不利于促进农村人口向城镇转移落户

对于农民落户城镇土地问题的处理，我国《农村土地承包法》有明确规定。其中第 26 条第 2 款规定，承包方全家落户小城镇的，其土地承包经营权可以保留。但该条第 3 款同时又规定，在承包期内，如果承包方全家落户设区的市，转变为非农业户口的，承包方将收回其承

包的耕地和草地。

《农村土地承包法》的上述规定在立法过程中就存在不同的意见，专家对农民户口迁入大城市是否应交回承包地存有很多争议。上述条款的内含假设条件就是土地是农民的生活保障，农民迁入福利含金量较低的小城镇还不足以替代土地保障的功能，而迁入设区以上的福利较高的大城市就可以不依赖土地生存下去，因此，土地是可以放弃的，政府应该收回土地。可以看出，此条款将农村土地定性为政府给农民的社会保障，而不是当前意义上的财产权利，这种社会保障权利是国家赋予的，同时在一定条件下是可以有权无偿收回的。

在当今时代，虽然我国农村土地权属还不十分明确，权能还存在一定缺陷，但是其在一定程度上已被国家承认为一种财产权利，农民迁入城市不以失去土地为代价。而社会保障同样也是一种权利，在某种意义上还是一种义务，是和土地权利完全不同的权利。当前，社会保障已覆盖我国城乡居民，不再是城市专有的福利。尽管城乡社会保障待遇和水平还存在较大差距，但这是我国社会保障领域发展和改革滞后所决定的。我们不能利用目前城乡间的这种福利级差来让进城落户农民失去土地权利，缩小城乡社会保障差距、给予进城农民工平等的社会保障权利才是我们下一步的努力方向。特别是在当前城市福利的范围已大大缩小且存在诸多福利准入条件、城乡福利级差已显著缩小的背景下，上述规定已严重不适应当前形势发展的需要，不利于促进农村人口向城镇转移落户。

二、现有土地承包关系不明确，长久权益没有法律保障

首先，我国农村土地所有权主体不明晰。在我国《民法通则》《土地管理法》《农业法》等法律法规中，都规定了在我国集体土地所有制框架下，村集体经济组织、村民委员会和村民小组都有执行土地发包的权利，但“集体”最终属于哪个层级，法律上一直没有明确规定。

现实中，乡镇、行政村和村民小组都不同程度地发挥着集体土地所有者的角色。

其次，土地集体所有权权责不清。国家对农村土地的用途界定、流转办法都进行了严格规定，而作为集体土地所有权主体的村集体组织并没有法律赋予所有权人的全部权利，零星调整农户之间土地的权利也在农村承包地30年不变的政策要求下不再拥有。村集体组织更像是一个社区组织，发挥着基层政府的代理人角色。基本不再拥有任何权利，反而承担了很多农村社区管理的义务。

最后，农户承包经营权内涵不充分。农民的土地承包经营权本质上应该属于使用权，可以衍生出转让、出租、抵押、入股、收益等权利。但目前我国法律已经对农民的土地权利做出了严格规定，其只有耕种权、部分收益权和极少量的处置权。显然，这种土地权利的内容是不完整的、不充分的。即使农民的土地被征用，也只能被动接受补偿结果，而参与不了土地征收过程中实质性的补偿谈判，严重制约了农民收入特别是财产性收入的提高。

三、土地流转市场发育迟缓，农民兼业状态较大地限制了农村劳动力的转移

土地使用权的有效流转是人口城镇化与城乡二元社会结构变革的核心和关键。在城镇化过程中，农民要想完成向市民化的彻底转变，首先要在职业上完成由农业向非农的转变，使大多数农民能够脱离农业生产，并在此过程中促进土地规模经营，实现农业现代化。在土地流转过程中不仅包含了土地要素的流转，还包括农村劳动力转移、现代农业发展等社会转型和经济发展方式转变内容。目前，我国农户土地经营规模仅为日本的1/5，从经济社会发展的历史逻辑来看，只有通过推进工业化和城镇化，逐步将农村劳动力向非农产业和城市转移，才能扩大农村人均资源占有量，提高农民收入。

但是，目前我国农村土地流转仍然面临很多问题，最主要的就是农民的土地使用权不能有效流转，土地收益权不能得到有效保障。多数农民采取“亦农亦工”“半城半乡”兼业化经营，在城乡之间徘徊流动。壮年劳动力常年在外打工，老人小孩等非劳动力主要留守农村。在这种兼业状态下，农民工从事的工作受到很大限制，通常是一些时间更灵活、收入也较低的工作，如建筑、采掘等，不仅中断了正常的人力资本积累，也带来农民工收入上的损失。从长期来看，土地无法流转变现，将导致一些长期在城市从事非农业生产、已经完全脱离农村和农业生产的农民工无法完成彻底的城镇化转变，将大大延缓我国的城镇化进程。

第二节　宅基地及其他建设用地

一、宅基地及其附属房屋的交易限制影响农民的财产性收入水平的提高

宅基地是农村建设用地的重要组成部分，约占农村建设用地总量的70%。根据我国现行的《土地管理法》，农村集体组织是我国农村宅基地的所有权主体，而农民没有对宅基地的处置权，只有使用权。宅基地上所属房屋，农民在一定条件下可以自由买卖，即农民住宅买卖只限于本村村民之间进行，村集体组织之外的组织和个人无权购买。即使是村民之间的房屋买卖也受到严格限制。按照《中华人民共和国土地管理法》规定，农村居民只能“一户一宅”，村民只有同时满足现有宅基地面积不达标和购买后的宅基地面积不超标这两个条件时，才被允许购买其他村民的房产。严格的购买限制使农村房产交易受到制约，

特别是 20 世纪 80 年代以来，随着大批农民工向城镇转移就业，农村住房被大量闲置。

从城乡平等的角度来看，现行《土地管理法》规定农村居民只能实行“一户一宅”，且房屋买卖、抵押融资等受到极大限制，但城市居民却可以“一户多宅”，房屋可以自由交易转让、抵押贷款。这实际上也是我国在传统的城乡二元结构体制下对农民的一种歧视性制度安排。当前，我国城乡居民收入日益扩大，其中一个重要原因就是城市居民拥有包括房产在内的各种财产性收入，而农民的土地和房产的闲置与低价使他们难以获得财产性收入。

二、宅基地的闲置极大地延缓了农业转移人口市民化进程

农村宅基地作为农村建设用地的重要组成部分，其权属不清和权能残缺导致的大量闲置浪费问题，与我国工业化城镇化进程中城市建设用地的紧缺构成了一个同时并存的矛盾体，反映了我国土地资源配置和管理的失衡。这种失衡局面不仅有损土地资源配置的效率，更为重要的是，在当前土地“闲置”与“紧缺”并存的时期，客观上造成了农村土地和房产的不断贬值以及城市土地及房产的不断增值局面。而这种局面对农民特别是准备进城定居的农业转移人口极为不利，意味着继续持有农村宅基地和房产的机会成本将会越来越高，其进城定居的难度也将越来越大。

限制农民宅基地及房屋的流转不但不能保护农民的利益，反而阻碍了农民财产性收入的提高，堵塞了农民融资的渠道。在当前我国农村宅基地的保障功能已经弱化、资产功能正在增强的背景下，进城农民工如果不能通过正常的市场交易处置农村闲置的宅基地和房产，就无法实现土地资产化，也就无法获得向城镇迁移落户所必要的货币资

本，客观上必然制约农业转移人口市民化进程。[①]

三、现行征地制度对农地的补偿标准过低较大地抑制了农民土地增值收益

随着我国工业化、城镇化进程的快速推进，农村土地被国家征用的范围和数量不断扩大，土地性质也由集体用地转变为国有土地。但是，农民在征地过程中普遍存在补偿标准低、安置待遇差等问题，由土地征用引发的矛盾和冲突不断，已经成为影响我国社会稳定的重要因素。现行《中华人民共和国土地管理法》规定，征地补偿标准是按照被征收土地的原来用途进行补偿，包括土地补偿费和安置补助费在内的全部补偿金不得超过土地被征收前三年平均年产值的30倍。这种补偿标准与土地的现有价值可能会有较大差距，特别是一些城市郊区因城市扩张、工业发展，其土地增值效益明显，按照原用途补偿会产生较大的收益差距，因而这也正是当前土地征收矛盾的症结所在。

在我国工业化城镇化快速推进过程中，土地价格大幅上涨，这也就意味着在土地征收过程中政府只要付出极少的补偿款就可以获得巨大的土地增值收益。政府是土地增值收益的主要受益者，而农民的利益相对被剥夺了。

此外，在土地征收补偿的分配中，农民也没有太多的发言权。对征收土地的补偿也没有直接补偿到农民个人，而是先要通过村集体，由集体再进行分配，直接分到农民个人的补偿金已被打了相当的折扣，严重制约了农民财产性收入水平的提高。

---

① 传统乡村，农民一生中要完成的两件大事：一是娶妻生子，二是建房造屋。中国农民通常把他们大部分的积蓄，甚至是几代人的心血用在新建或翻修房屋上。与世代耕种的农地一样，都是农民手中最大的一笔资产。但这个由农民世代居住并可继承的纯私人不动产，却有着与农地一样的宿命，既不能转让也不能抵押出让。

第三节　主要结论

一、当前农村土地产权及其交易制度严重阻碍了农业转移人口市民化进程

现代经济学意义上的产权，是指包括所有权、占有权、使用权、收益分配权以及处分权等某种资源一切权利的总称。对于土地资源来说，明确的土地权属关系是保护土地权利人合法权益的基本要求，也是市场经济条件下要素充分流动和合理配置的内在要求。但是，目前从我国的土地产权制度安排来看，农村土地权属不明晰，权能残缺，相对于城市国有土地而言，它是一种不合理不平等的产权制度。在当前农村土地制度下，农地缺乏有效保护机制，土地产权没有被充分尊重和承认，农民的土地使用权、处分权以及收益权受到严格限制，直接导致农民土地权利的贫困，也影响了农民财产性收入的提高。

这种土地权利的剥夺和侵犯对农业转移人口市民化的影响主要体现在农地流转环节和土地征收环节。农民转移人口基本脱离了农业生产而主要从事非农业生产活动，并且已经在城镇长期居住和生活，留守农村的主要是老人和小孩。部分农民工及其家庭渴望进城落户、定居生活，但又无法支付起城市高昂的生活成本。由土地产权不清和权属残缺导致的土地流转不畅，将会造成农民长期兼业经营和资产贬值的不利影响，严重制约农民迁移城市的进程。农民土地征收过程也因土地产权的残缺而导致利益补偿和安置措施对农民极为不利。因此，有效保护和实现农民的财产权利、提高农民工的进城资本成为农民市民化过程中的首要问题。

二、户籍制度改革过程中必然要涉及农村土地退出

目前，我国现有的涉及农民户籍变更的土地退出机制只有通过政府征地一种渠道。农民因征地拆迁而由农业户籍转变为非农业户籍的过程，是一种强制性的城镇化方式。这种非自然形成的城镇化进程必然会带来转户农民就业、保障、生活等各方面的压力。因此，通过征地转户方式不是城镇化的理想模式，现实中也不应成为人口城镇化的主要模式。

近年来，在我国工业化城镇化进程快速推进的过程中，大量农业转移人口进城务工，甚至部分农民工长期在城市定居生活。同时，进城农民的承包地大量流转，宅基地及住房大量闲置。下一阶段，推进户籍制度改革、加快推进我国城镇化进程，必然要求盘活农业转移人口的土地资源，加速其市场化流转进程，建立农村土地退出机制，增加进城资本，使农业转移人口能够真正地离开乡村、融入城市，并最终完成市民化转变。

三、建立农村土地退出机制关键是要保护和实现农民的土地财产权

上文已经提出，加快推进我国农业转移人口市民化进程，关键是要建立转移人口农村土地市场化流转机制。这样既有利于增加转移人口的进城资本，又有利于扩大农村人均资源占有量。而建立农村土地市场化流转机制的前提条件就是要保护和实现农民的土地财产权。但是，由于目前我国集体土地的产权边界还没有厘清，农户与集体之间的土地财产权利划分十分模糊。农民没有自由转让、处置土地的权利，土地承包经营权和宅基地使用权都是直接和农民的身份相挂钩，不具备财产权性质，一旦户籍身份发生变化，土地使用权利就不再拥有，自动退出集体经济组织。这种与户籍身份紧密联系的土地产权制度安

排必然导致土地流转受限，土地的市场价值不能充分实现。其结果是农业转移人口既不愿意放弃农村土地，也不能将土地转让获得财产性收益，只能是粗放经营耕地、闲置农村住房，最终形成不断在城乡之间做“钟摆”式流动的“两栖型”形式，不仅不利于农业转移人口市民化，也不利于土地资源的合理利用。

目前，关于农民市民化进程中如何保护和实现农民的土地财产权，大多数研究是基于当前我国农村的土地所有制和承包经营制度的不合理性，提出应当建立新的有利于土地流转和保护农民利益的农村土地财产权利体系，落脚点基本上都是停留在农村内部生产关系的变革上，而在当前城镇化快速发展的背景下，广大农民工及其家属如何进城落户，如何在这一过程中处理好农民的土地权益问题，研究得甚少，没能从整体上研究出系统化的解决方案，尤其是没能站在城镇化的高度，研究如何促进农民向城市新市民的转变，减少城乡差距，促进城乡一体化发展。

第七章　户籍制度改革的多方博弈

——一个经济学分析框架

包括农民工在内的广大流动人口能否实现向城镇的永久性迁移和落户，是户籍制度改革的重要命题。户籍制度改革本身是一项涉及诸多利益主体的制度变革。各利益主体为了维护自身利益最大化，必然会在户籍制度过程中产生利益博弈。具体来讲，户籍制度改革主要涉及四个最重要的利益主体，即流动人口自身、流入地政府、原有城镇居民和流入地企业。这四者在利益重新分配过程中从各自利益出发，将会对我国户籍制度改革的政策制定、方案实施施加不同的影响，并最终影响我国户籍制度改革的进程。

第一节　博弈的利益主体及其初始状态

一、流入地政府

流入地政府是户籍制度改革政策的主要制定者，对流动人口迁移落户起着决定性作用。流入地政府对城市户籍门槛的设定也是基于自身利益出发的，以谋求有利于城市发展和官员政绩最大化。政府通常更愿意选择符合城市发展要求的人才型、投资型外来人口落户。当然对于比较廉价的普通劳动力，城市也有巨大需求，特别是近年来一些沿海城市出现的“用工荒”问题，更促使一些地方政府想方设法留住农民工。但是，地方政府又不会轻易地给他们解决落户问题，只想廉价使用劳动力，而不想让他们成为政府的财政负担。对于本地的人口城镇化问题，地方政府往往出于获取土地级差收入的考虑，会主动推进本地农业户口的集中居住和转户，以获得高额的土地出让收入。

流入地政府设定落户门槛的另一个影响因素是政府的财政负担能力。目前，地方政府仍是教育、医疗、社会保障等社会领域福利的主要支付者。如果落户人口过多，就会对政府的财政支付能力带来压力和冲击，因此，流入地政府对放宽落户条件的呼吁是有保留态度的。

但是，人才和投资的引进将会增加区域经济的发展潜力和区域之间的竞争力，综合和长远收益要大于成本支出。因此，流入地政府从区域利益出发，从长远趋势来看会成为户籍制度改革的支持者和实践者。

二、流入地企业

对于流入地企业来说，它们对待户籍制度改革是消极的，甚至反对放宽城市落户条件的政策。它们以追求利润最大化为目的：一方面希望员工能够提高工作效率，为企业创造最大价值；另一方面希望尽可能地减少用工成本，特别是不愿承担员工的社会保险、住房福利等成本支出。在我国主要劳动力市场供求关系还没有偏向劳动者一方时，企业可以继续廉价地使用劳动力，因而是没有动力去增加劳动者的福利待遇的。因此，流入地企业对待户籍改革的态度是消极的，它们更希望维持目前低成本使用劳动力的现状。

当然，上述流入地企业对待户籍改革的态度是从企业管理者层面出发的，作为企业的员工则会持完全相反的态度，他们是期待通过户籍改革来迁移落户融入城市的。但从目前我国的劳资关系来看，企业管理者往往具有强势地位，他们和地方政府的关系也更密切，劳动者拥有的话语权较少。

三、城市居民

城市居民是现行户籍制度的既得利益群体。市民凭借其拥有非农业户口，在教育、就业、医疗、社会保障等方面可以享受到比本地农业户口和城市外来人口更高的社会福利，同时，也能为他们在激烈的市场竞争中形成一种保护机制，缓解市场经济压力。

当前，包括地方政府行政官员在内的广大公务员阶层是城市居民重要组成部分，他们基本都拥有城市户籍。因而他们往往具有更大的话语权，能影响或参与公共政策的制定、执行和反馈过程，使公共政策更加符合自身利益。城市居民是我国户籍制度的受益群体。从现行户籍制度来看，城市居民在资源获取、人脉积累等方面都比外来人口有竞争优势，他们不仅占据了城市中一些重要的资源和岗位，同时也享受着城市户籍身份带来的教育、就业、社会保障等社会福利。此外，在长期的城乡二元户籍制度下城市居民往往存有比外来人口的身份优越感，甚至在外来人口面前往往表现出蔑视、排斥的态度。

四、外来人口

外来人口是城市常住人口的重要组成部分。与城镇居民相比，以农民工为主体的广大外来人口普遍自身素质不高，劳动技能低，主要就业于进入门槛较低的非正规就业部门，他们参与政策制定的机会和谈判能力都较低，在户籍制度改革过程中外来人口往往处于弱势地位。此外，他们的维权意识相对落后，心理自卑感较强。面对与城市居民之间的福利差距和自身发展弱势地位，他们难以依靠个人行为来争取市民待遇。正因为此，他们的自身权益屡屡受到侵害或不公正对待，很难融入城市。

第二节　博弈的行动策略

由上面的分析可以看出，户籍制度改革涉及多个利益主体。基于利益最大化的考虑，各利益主体面对户籍改革政策都会有自己的行动策略，最大限度地发挥其对政策的影响力（见表 7–1）。

表 7–1　城市户籍制度改革过程中的利益博弈

	中央政府	流入地政府	流入地企业	城市居民	外来人口
中央政府	希望淡化城市户籍价值，借助改革营造公平的制度环境	为地方政府提供宏观层面的政策指导	希望用人单位取消与户籍相关的歧视性规定，公平就业	逐步剥离户籍利益，减少福利预期	希望人口合理有序流动，渐进获得市民待遇
流入地政府	财政“分灶”吃饭，地方政府更多拥有主动权	渐进式改革，以户籍作为人口调控手段	顾及用人单位利益，提供政策支持	存在保护户籍人口利益的倾向	“经济接纳”与“社会排斥”并存
流入地企业	希望中央对地方户改放权，用人单位从中受益	希望户籍政策体现“控制低素质，不控制高素质”	对户籍松动有条件地支持	部分岗位体现地方保护主义色彩	非正规就业领域的“低工资、低成本”，用人单位受益
城市居民	希望维持户籍利益附加，户籍人口具有较强的游说能力	希望地方政府更多地考虑户籍人口利益	希望岗位招聘特别是优质岗位设置户籍门槛	反对户籍改革，维护自身利益和优越感	整体和个体的社会排斥
外来人口	关心改革趋向，担心整体改革导致利益受损	有改革需求，对地方政府决策缺乏影响力	非正规就业劳动力缺乏谈判能力	与本地低薪劳动力存在竞争，处于弱势地位	支持户籍改革，希望获得市民待遇

资料来源：根据有关资料整理。

一、流入地政府

外来人口流入地政府是户籍制度改革的主要推动和执行者，其对待户籍制度改革的态度是复杂的，需要平衡各方面的关系和利益。

从促进地方经济发展的角度来看，流入地政府倾向于放宽城市户籍准入限制，特别是希望引进城市发展所需要的人才和投资者，这更符合城市政府的长远利益。

从政府与户籍管理直接相关的一些利益来看，未来户籍制度的变革、落户门槛的降低甚至取消可能会导致与落户相关的一些部门减少对外来人口的证件管理和手续费用，如城市增容费、暂住证办理手续费、借读费等。

从政府与原有城镇居民的关系来看，政府公务人员本身就是城镇居民的一部分，他们之间在根本利益上是一致的。过多外来人口的流入将会在福利保障、就业机会、生活环境等方面影响城镇居民的利益增进。因此，从总体来看，城镇政府对外来人口迁移落户排斥和限制政策多，鼓励和支持政策少。

从现行财政体制来看，当前中央和地方财政和事权不匹配的财政体制和公共服务供给体制使地方政府成为当地居民公共服务的主要提供者。外来人口落户城镇将会给流入地政府带来更大的财政负担，也会在一定程度上给原有城镇居民带来福利损失。如果没有相关的财政和政策支持，流入地政府将没有推进户籍制度改革、放宽落户条件限制的积极性，会继续延续对外来人口“经济接纳，社会拒入”的既有政策。

从社会稳定的角度来看，流入地政府一直担心过多的外来人口特别是低收入农民工的涌入将会给城市社会稳定带来隐患，城市贫民阶层和贫民区的出现使城市政府对户籍制度改革心存顾虑。

二、流入地企业

对流入地企业来说，追求利润最大化是首要目标，而降低劳动力使用成本是扩大企业利润的重要手段。作为外来人口的雇佣单位，在对待户籍制度改革的态度上是矛盾的。

一方面，企业为了吸引人才和资本的进入，将为员工办理城市落户作为企业的重要砝码。员工拥有城市户籍，便可以享受一切以户籍为基础的城市福利和待遇。同时，对于不拥有城市户籍的员工，企业可以在一定程度上建少或免除员工所享有的福利待遇，如工资待遇、社会保险和住房补贴等。因此，企业希望维持现有的户籍管制政策，继续将城市户口作为企业的一项福利奖励给企业所需的人才，同时也减少了对非户籍员工的工资和社会福利支出而获得特殊的“制度性收益”。

另一方面，企业为了引进更多的人才和资本，特别是一些没有落户指标的企业更希望打破户籍限制，降低落户门槛，增加企业对人才的选择余地，同时消除与有落户指标企业间的竞争劣势。但是，随着落户条件的降低，企业选择有城市户籍的员工将给企业带来相应的员工工资和福利支出的增加，一些企业也将会失去原有的低工资、低福利的低成本竞争优势。

在这一点上，流入地企业与地方政府的利益是一致的。对于推进户籍制度改革，企业的态度可能因企业的性质（拥有落户指标的多少）而有所不同。即使是没有落户指标的用人单位，它们对待户籍改革的态度也不是完全支持。作为整体来说，企业希望户口成为一项工具性政策为其所用，成为引进人才的“利器”和减少成本的“盾牌”。

三、城市居民

随着我国户籍改革的不断深入，当前一些重要的资源和福利配置已经和居民的户口身份逐步剥离，但是，城市户口的身份边界仍然能够帮助他们缓解市场竞争的压力，让他们在市场竞争中得到一定的保护。

在对待户籍改革的态度上，绝大多数城市居民都持反对态度。尽管他们之中也有人认为现行户籍制度有失公平、公正的社会准则，但是作为户籍制度的既得利益群体，他们不赞成牺牲自身利益的户籍改革。部分城市居民甚至会产生户籍福利的依赖症，户籍的福利功能使他们失去了对待外来人口的正义感和自身进步的进取心。

此外，城市过度膨胀带来的“城市病”问题也是城市居民反对户籍改革的理由之一。随着城市落户门槛的降低，大规模外来人口将会融入城市长期定居，城市的公共产品和公共服务必然会出现短缺和拥挤现象，城市人居环境也会恶化，给城市居民带来很多不便。因此，他们倾向于反对户籍制度改革，以维持既得利益。

作为现行户籍制度的既得利益群体，城市居民在政府公共决策中具有较大的话语权，对政府制定户籍改革政策产生重要影响。他们可以选举符合自身利益的代表，向政府提交议案、提案和建议等，参加政府组织的听证会和民意调查，甚至可以通过游行、抗议等手段给政府施加压力，使户籍政策向更有利于自身的方向发展。

四、外来人口

外来人口是户籍制度改革的重要利益相关群体。与城市居民相比，大多数外来人口受教育程度较低，知识水平和劳动技能偏弱。特别是广大农民工群体通常就业于收入较低、待遇较差、发展有限的非正规部门，缺乏维权意识，维护和争取自身利益能力弱。

总体来看，外来人口对城市政府推进户籍制度改革是拥护赞成的。但是，外来人口之间对户籍改革的态度也有所差异。长期在城市工作和居住的外来人口，如城市中的白领阶层等高收入群体和社会地位高，部分人甚至占有社会资源，他们能够对户籍改革产生较强的影响力。而处于非正规就业状态的广大农民工群体，虽然部分人也有迁入城市融入城市的愿望和诉求，但其边缘化的社会地位和分散化组织形式，决定了他们在户籍制度改革博弈中必然处于弱势地位，对改革政策的影响力相当有限，注定只能是博弈结果的接受者。因此，他们对迁入城市信心和能力不足，大多数人只能是城市的“过客”，最终回流原籍或流动到他乡。

第三节 博弈的解的可行集

各利益主体在博弈过程中都会选择对自身利益最大化的行动策略，但是，博弈的结果可能会是一方或各方妥协的产物。从利益各方的博弈结果来看，主要存在以下几种可能情况。

一、维持现状，户籍管制

对于大多数城市来说，流入地城市进行放宽户籍准入的改革措施会带来城市人口存量的增加，将给基础设施和社会管理带来一定的经济社会风险，财政压力也将加大。而保持户籍管制现状，不仅会得到本地城市居民的支持，本地企业也会持赞成态度。因为流入地企业有正常的人才引进渠道，并且部分企业可以利用流动人口社会保险工作的不完善，从而达到灵活用工政策、减少用工成本的目的。而外来人口，尽管其数量众多，但是组织性差，力量分散，缺乏权益表达的有效通道，因此，即使面对多年来城市政府歧视性的内外有别的户籍管理政策以及社会资源分配机制，也往往无能为力，难以真正融入城市社会。

二、户籍改革，放宽条件准入

无论是直接地放宽城市户籍准入条件，如放宽投资、就业、人才引进、夫妻投靠等，还是近年来部分城市开始实行的居住证制度、积分制落户制度，这些都是流入地政府实施户籍制度改革的主要形式。户籍改革的实质是建立一种全新的人才选拔机制。城市政府利用户籍政策可以有目的地对外来人口进行甄别遴选，将城市福利给予那些对自身发展有用的优秀人才，而对大多数“不优秀”的外来人口置之不理，继续实行歧视性的福利分配政策和社会管理政策。

由于新的户籍准入政策相对来说还是很严格的，外来人口不可能大量融入并参与城市社会福利分配，因此，在既得利益没有受到严重威胁且反对新政策存在道德风险的情况下，大多数城市居民会选择支持或不反对开放城市户籍准入政策。

尽管新政策对于外来人口来说，仍然是一种歧视性政策，但无论如何对比改革前的政策无疑是一种进步，一部分满足城市准入条件的人口可以有机会成为市民，享受社会福利政策。并且新政策打开了一个新的城市落户通道，使许多人看到了通过自身努力成为市民的希望，从而建立了一种相对稳定的社会流动秩序。

此时，对于流入地企业来说，“优秀”外来人口的进入将会增加企业的人才储备，有利于企业绩效的提高，且不会增加企业的社会保险等财务负担，因此，企业会欢迎新政策的实施。

三、维持现状，公共服务均等化

现实中，虽然一部分城市没有采取更加开放的户籍政策，但是开始对外来人口持公平对待的态度，并且将一部分公共服务向外来人口延伸，如计划生育、就业服务、社会保险等，有的城市甚至给予外来人口部分政治权利。这是一个良好的现象，城市政府逐渐将公共服务向外来人口延伸，朝着基本公共服务均等化的方向努力。

这一政策由于实施时间不长，最重要的是城市政府促进基本公共服务均等化的努力并没有显著影响城市市民以及企业的利益，且政策具有很高的道德评价，因此，城市居民和企业不会反对公共服务均等化的政策。外来人口显然从中受益匪浅，乐于接受新政策。

四、户籍改革，取消户籍管制

取消户籍管制，取消城市落户准入制度，实现人口的自由迁徙，作为一种博弈的解，这种情况是可能存在的，这也正是本书所主张的户籍制度改革方向。但是，此类户籍改革的前提是除了将户籍制度还原为人口登记制度本来面目的同时，还要采取变目前的户籍门槛为福利门槛，变人口准入为福利准入的新配套政策。唯有如此，才能从根本上分离户籍与福利的内在联系，城市人口管理的重心实现由人口管制向人口服务的转变。

在此种模式下，由于适度的福利门槛设立，在一定程度上实现了包括城市原有居民和外来人口所有常住人口的公平权益得到保障，适者生存的市场化合理竞争局面得以形成，并将为城市政府推行基本公共服务均等化提供一个较长时间段的缓冲期。这一全新的户籍改革举措最终将会获得所有常住人口以及企业的支持，本书还将重点论述此种模式下相关利益者的博弈过程。如表 7–2 所示。

表 7–2 城市户籍制度改革利益相关方成本收益分析

	成本	收益
中央政府	城镇居民总体失业率上升，在一定程度上影响社会稳定	营造出公平的制度环境； 形成全国统一劳动力市场，提高资源配置效率
流入地政府	城镇居民失业增加，不利于社会稳定； 地方各项资源、基础设施压力增加； 地方财政负担加重； 户籍人口利益受损造成发展成本	显示城市开放度，优化政府形象； 有利于引进人才、资本，发展地方经济
流入地企业	用工成本提高	户籍门槛降低使人才、资本更容易引进，可适度增加用人单位的选择余地
城市居民	所享受的城市福利被摊薄，丧失优越感； 就业竞争更为激烈； 生活成本提高，舒适度降低	基本不能从户籍改革受益
外来人口	失去在原户籍所在地的各种福利和权益	增加就业机会，提高收入； 获得城市居民的同等待遇

资料来源：根据有关资料整理。

第四节　博弈的几种模式及最优解

在户籍制度改革过程中，流入地政府、流入地企业、城市居民以及外来人口的利益相关方都有自身的行动策略。在不同的户籍改革模式中，他们的行动策略和平衡机制也有所不同。博弈论方法可以分析在一定的户籍改革模式下各相关利益方的行动策略以及最终的利益平衡机制。本书主要运用简化的两两静态子博弈，从而避免合作博弈分析中的利益主体权力配置不均衡问题，以及动态非合作博弈中次序和效用函数确定的困难性。

一、计划指标模式下的各方博弈

户籍改革推动户籍松动，在城市户籍人口容量指标扩大时，虽然流入地政府获得一些道义和政治收益，但是在改革实施过程中也面临社会基础资源供给的压力，该政策会引致更多的人口通过正当或不正当的手段来获取城市户籍，从而使城市面临持久的人口压力。对于流出地政府而言，本地人口向外地的迁移，在短期和长期都面临人才损失的不利影响，然而，随着本地户籍人口的减少，人口压力就会减少，本地人口的人均资源拥有量相对就会增加，因此，在没有能力和意愿控制人口迁出的情况下，流入地政府的户籍改革举措对流出地政府几乎没有影响。如表 7–3 所示。

表 7–3　计划指标模式下城市政府与流入地企业之间的博弈

参与方		流入地企业	
		支持	不支持
城市政府	户籍放宽	(1，1)	(0，1)
	户籍控制	(2，2)	(1，1)

城市扩大落户指标的政策对流入地企业而言，由于落户人口以及城市福利吸引潜在落户人口的增加，绝大部分情况是扩大了企业对人才的选择范围，增加了企业的人才储备。企业会乐意接受和支持新政策。但如果存在指标摊派的情况下，企业员工的过度增加会带来非市场化的企业绩效递减，因此，企业会倾向于自主决定人事权利。假设流入地企业在户籍放宽条件下都会支持新政策，并会获得 1 个单位的收益，而在户籍制度维持管制的情况下，企业特别是大量使用农民工的企业将大量减少就业培训、社会保险缴纳等方面的费用，此时将获得 2 个单位的收益。与此同时，政府在户籍制度控制下，不必要大规模扩展社会基础资源和福利而带来的财政支出压力。因此，维持户籍管制，政府将获得最大收益 2 个单位。在企业不支持的条件下，最小收益为零。显然，在计划指标模式下，城市政府维持户籍控制的户籍管理政策，将会为政府和企业带来最大收益。

在城市人均基础资源和福利待遇一定的情况下，城市户籍指标的扩大，将会摊薄和稀释原有的户籍福利，人居环境也会变得更差，此时，城市居民的利益将受到最大损失，假定为–1 个单位。因此，城市居民将会反对户籍指标的扩大以维护自身既得利益。在外来精英人口将会对城市居民产生竞争威胁、外来低端人口可以提供廉价服务时，城市居民倾向于维持户籍控制，抵触户籍松动。此时，城市居民将会获得最大收益 2 个单位。同样，在采取户籍管制措施时，政府也会获取 2 个单位的最大收益。因此，城市政府会继续维持户籍管制政策。如表 7–4 所示。

表 7–4　计划指标模式下城市政府与城市居民之间的博弈

参与方		城市居民	
		支持	不支持
城市政府	户籍放宽	（1，–1）	（0，2）
	户籍控制	（2，2）	（1，1）

外来人口显然非常支持这一新政策的实施，但仅限于拥有非农业户口的外来精英阶层，因为落户指标一般都是发放给非农业户籍的人口的，而外来精英阶层凭借自身能力显然更易获得落户指标。对于广大的农业户籍外来人口即农民工而言，这一政策没有任何意义。新政策显然会受到整个外来人口社会的广泛支持，其中部分精英人口将获得 2 个单位的收益，这是城市户籍的福利价值。相反，如果外来人口对政府户籍控制政策采取默认或不反对的态度，那么，他们就会有 2 个单位的机会损失。因此，在计划指标模式下，由于政府的强势主导地位，外来人口博弈力量明显不足，城市政府与外来人口之间博弈的结果，很可能就是城市政府继续维持户籍控制政策，而外来人口只能继续忍受最大的相对福利损失。如表 7–5 所示。

表 7–5　计划指标模式下城市政府与外来人口之间的博弈

参与方		外来人口	
		支持	不支持
城市政府	户籍放宽	(1，2)	(0，–1)
	户籍控制	(2，–2)	(0，1)

命题 1：户籍政策在计划指标模式下，由于流入地企业和原有城市居民具有较强的博弈力量，并且能在相当程度上影响城市政府的行政决策，因此，在面对分散化的主流社会之外的外来人口时，城市政府倾向于维持原有的户籍管制政策，对户籍指标严加控制，限制外来人口的进入。

二、条件准入模式下的各方博弈

对于流入地企业而言，在户籍准入条件放宽、准入限制减少的情况下，对于那些有一定经济实力，通过投资、购房、纳税、亲属投靠等方式获得城市户口的外来人口特别是外来农民工而言，城市户口的获取将意味着各种社会保险的配套，这将给原先大量使用不用上保险的农民工的企业带来很大负担，所以户籍政策会遭到他们的反对。此时，他们将会获得最大收益，即 2 个单位的收益。否则，一旦开放户籍准入，广大农民工群体将和城市职工一样享有就业培训、社会保险等企业福利，企业此时将会增加 1 个单位福利损失。

因此，城市政府在户籍准入条件的设定上一定会体现当地企业的利益诉求，不可能面向所有农民工，而是设立一定的经济和社会门槛，如投资额、购房额或购房面积、就业年限、社保状况等，将一大批低端外来劳动力排除在户籍竞争之外，不给企业带来额外负担。所以，最终的结果是新政不会对企业带来太多财务负担。如表 7–6 所示。

表 7–6　条件准入模式下城市政府与流入地企业之间的博弈

参与方		流入地企业	
		支持	不支持
城市政府	户籍放宽	(2，0)	(0，2)
	户籍控制	(2，2)	(1，1)

该模式下，户籍准入条件的放宽对于流入地政府以及城市居民而言，影响效果同上述计划指标模式下基本相同，城市居民倾向于反对开放城市户籍准入门槛，支持政府继续执行户籍管制措施，以维持其既得福利。如表 7–7 所示。

表 7–7　条件准入模式下城市政府与城市居民之间的博弈

参与方		城市居民	
		支持	不支持
城市政府	户籍放宽	(2，–2)	(0，2)
	户籍控制	(2，2)	(1，1)

而户籍放宽政策对于所有的外来人口都是有积极意义的，该政策的实施打开和拓宽了外来流动人口进城落户的通道，甚至他们将会获得超出上述计划指标模式下户籍松动时的 2 个单位的收益，进而获得

3 个单位的总收益。在城市政府为获取人才或面临道德压力的条件下，流入地政府特别是大城市极易选择一定程度上开放户籍准入的政策，在城市居民和外来人口之间做出平衡决策。如表 7-8 所示。

表 7-8 条件准入模式下城市政府与外来人口之间的博弈

参与方		外来人口	
		支持	不支持
城市政府	户籍放宽	(2，3)	(0，-1)
	户籍控制	(2，-2)	(0，1)

命题 2：户籍政策在条件准入模式下，城市政府为获得经济社会发展的人力、资本、技术等资源，或是基于做大城市、获取政绩和道德评价的考虑，在流入地企业和原有城市居民的利益不受较大损失的前提下，城市户籍准入条件的放宽将会给政府自身以及外来人口带来较大的利益增进。

三、按常住人口配置社会资源模式下的各方博弈

目前，社会责任和社会资源按常住人口和实有人口分配，大力推进公共服务均等化，已经成为时代的呼声。在各地区社会资源分布、不同等级城市发展水平存在较大落差的背景下，在政府财力和社会基础性资源有限的前提下，城市地区特别是大城市的户籍不可能全部放开。因此，在户籍与福利没有完全“脱钩”的条件下，试图通过户籍改革来实现常住人口公共服务均等化，将是一个长期的过程。但是，如果我们将社会管理、社会资源的分配不再凭借户籍手段，而是与常住人口的就业、居住时间和收入状况为主要判别标准，就能走出户籍改革总是围绕“户口”而没有彻底实现户籍与福利分离的悖论。城市排他的社会福利资源主要包括教育、医疗、就业、社保以及住房保障等，核心是教育、低保和保障性住房。

在此种模式下，流入地政府通过取消户籍门槛，将本地居住一定

期限的人口统统纳入城市常住人口范畴。在广大常住人口中，合理设置福利门槛，使人均福利水平维持基本稳定。由于福利门槛的设置，使城市的常住人口不至于短时期内迅速增加，城市的基础设施和社会资源压力大大减轻。但是，由于迁入常住人口的福利保障需要地方政府承担部分甚至全部责任和财力，流入地政府将面临一定的财政压力。但同时，由于社会资源配置是按常住人口计算的，大量常住人口的引入也直接带来了全社会按人口平均享有的经济社会资源，如教育经费、基础设施投入、建设用地指标的增加。流入地政府这种非歧视性的社会管理政策将会吸引大量企业和人才，并将收获极大的政治和道德收益。对于流出地政府而言，本地常住人口的外迁将带走与人口直接挂钩的经济社会资源，对于扩大当地的财富总量不利，但人均社会资源占有量并没有发生改变。因此，流出地政府也不会反对新政策的实施。

常住人口公共服务均等化在当前条件下注定是一个长期的过程。劳动权利的保障更多的是依靠社会整体劳动和社会保障事业的发展进步。对于企业来说，在实行户籍与城市福利以及社会管理相分离的户籍改革措施后，企业培训、社会保险等福利保障也将与户口“脱钩”，而成为企业的一项自主性决策。即不会再出现员工有了城市户口后企业会法定配套相应的企业和社会福利。由于教育、低保和保障性住房等核心的城市福利并不是由企业来提供，而常住人口的增加和稳定居住也有助于企业的长期发展，因此，企业对于新政策是乐于接受的。此时，如果企业选择支持新的户籍政策，那么企业 2 个单位的收益不会减少，而政府的收益增加到 3 个单位甚至更多，城市政府将会由于实施新政而取得重大的经济社会意义以及高度的道德评价。如表 7–9 所示。

虽然城市排他性的社会福利资源水平并没有因为常住人口的迁入而降低，但是社会福利的享受标准却发生了改变。城市人口总量的增加，将直接导致福利门槛会比以前更高，限制条件更多，同时，保障

表 7–9 按常住人口计算的社会资源配置模式下城市政府与流入地企业之间的博弈

参与方		流入地企业	
		支持	不支持
城市政府	户籍与福利分离	(3，2)	(–2，1)
	户籍控制	(2，2)	(1，1)

性福利的获取将面临更多人口的竞争。因此，本地原有城市居民失去了原有城市户籍的庇护，获取保障性福利的机会将会大大降低。但是，在流入地政府扩大财政福利支出，做大城市福利总量以及在所有常住人口基本公共服务均等化的道义感召前提下，城市人均福利水平不会显著下降，原有城市居民不会对新政策的出台产生太大影响，他们在新政策下仍将会获得 2 个单位的收益。而此时，城市居民对于新政的态度，将会使政府的收益在 3 个单位和–2 个单位之间震荡。显然，按常住人口计算的社会资源配置模式下城市政府与流入地企业之间，最后的均衡结果将会是（3，2），双方都将获得最大收益。如表 7–10 所示。

表 7–10 按常住人口计算的社会资源配置模式下城市政府与城市居民之间的博弈

参与方		城市居民	
		支持	不支持
城市政府	户籍与福利分离	(3，2)	(–2，2)
	户籍控制	(2，2)	(1，1)

对于外来人口而言，新政策无疑具有巨大的进步意义，消除了一直以来存在的户籍壁垒。作为城市里的新居民，可以与原有城市居民一样有机会享受城市福利，获得公正待遇。新政的实施，他们将会获得 3 个单位的最大收益。相反，继续维持户籍管制政策，他们将会面临高达 3 个单位的福利损失。如表 7–11 所示。

表 7-11 按常住人口计算的社会资源配置模式下城市政府与外来人口之间的博弈

参与方		外来人口	
		支持	不支持
城市政府	户籍与福利分离	(3，3)	(0，-3)
	户籍控制	(2，-3)	(0，1)

命题 3：户籍政策在按常住人口计算的社会资源配置模式下，新政对于博弈的四方而言，都将是一次极大的利益增进，并且也代表了公共服务均等化发展的方向，具有较高的人权保障意义。

第五节　主要结论

一、户籍改革各方博弈的实质是户籍背后的利益分配

改革开放以来，我国户籍制度改革不断深入推进，但总体来看户籍改革并没有取得较大成效，改革仍然是沿用不断“开口子”的传统思维，二元户籍制度的身份特性和福利分配功能仍然存在。户籍制度作为一种制度安排，从理论上讲只作为一种制度工具，主要用于人口统计和个人身份识别。但是，现行户籍制度的利益和资源分配功能一直无法与户籍本身相剥离，各类户籍人口相对固化，人口城镇化进程缓慢。户籍背后的各利益群体之间的博弈导致进一步放开户籍管制的政策难以出台和落实，一些地方的户籍改革措施只是停留在表层，户籍与福利还远未分割开来，甚至在一些特大城市户籍的福利特征还有所强化。

即使是作为全体居民利益代表的中央政府，也没有完全认识到或不愿承担户籍改革过程中的制度转换成本，中央和地方之间财权、事

权不对等的局面一直没有突破。因此，户籍改革绝非易事。

二、基于公共财政体制的福利资源配置是合作博弈产生的重要前提和保障

当前，户籍制度事实上是城乡福利和保障分配的主要依据，不同区域的户籍人口享受着差别化的基本公共服务。户籍制度背后所产生的公共资源和利益分割，本质上属于公共财政范畴的问题。在公共财政的语境下，依据户籍制度分配公共产品和服务，这本身就是违背了公共财政理论中的公共品交易原理的。公共产品或服务对不同纳税人的差别供给，本质上应归结为我国当前公共财政体制的不健全和不完善。只有建立面向所有城镇常住人口建立公共财政体制，促进各类群体之间基本公共服务均等化，才能从根本上解决户籍制度影响公共经济利益分割的问题。也唯有如此，户籍制度改革才能够真正推行下去，使利益各方都能接受。

三、基本公共服务均等化和农村土地资本化趋势下的传统户籍迁移取向可能发生逆转

当前，促进城镇基本公共服务均等化已成为我国各级政府的共识和主要政策目标。从近年来的实践来看，各级政府在教育、就业、社会保障、住房等领域的改革取得了较大进展，广大流动人口在城镇的基本公共服务已有明显改善。例如，随着我国就业体制市场化改革的不断推进，非国有企业成为广大流动人口城市就业的主要渠道，就业岗位的取得也逐渐与城市户口“脱钩”。与此同时，与就业相关的社会保险（所谓的“五险一金”：养老、医疗、失业、工伤、生育保险及住房公积金）也逐渐与城市户口“脱钩”，由作为雇主的企业和作为雇员的个人单独或共同缴纳。

此外，当前还存在另外一种趋势，即农村土地资本化程度加深，农民的土地财产权利得到相当程度的尊重和保护。针对有些地方的户

籍改革政策，中央已明确要求不得强制要求农民转户城镇时放弃土地权利，获得城镇户籍与拥有农村土地财产可以并行不悖，要让农民带着土地权利进城。

因此，在上述两种趋势下，在基于人权的基本公共服务均等化和基于财产权的农村土地资本化背景下，城镇户籍特别是中小城市的户籍“含金量”将大大降低，对农民工群体难以产生足够的吸引力，反而农村户籍越来越值钱，拥有一份土地就拥有一份财富。从一定意义上来说，这时的户籍是恢复了它的本来面目，不再承担城镇福利分配功能。换句话说，只要围绕公共财政体制和农村土地制度深化改革，实行非歧视的公共服务供给，有效保护和实现农民的土地财产权利，传统的户籍制度就能不消自破。

第八章　国内户籍制度改革典型案例分析

近年来，我国一些地方政府先后推出了一系列不同模式的户籍改革举措，取得了较大进展，为全国层面探索和推广户籍制度改革积累了不少有益经验。其中，郑州户籍新政、上海的居住证制度、广东的积分制落户以及重庆的统筹城乡户籍改革在全国具有典型意义。

第一节　郑州户籍新政

郑州市推进所谓的“户籍新政”始于2001年，在全国引起了较大反响。郑州市户籍制度改革的标志性文件是当年11月1日市政府颁布《郑州市人民政府关于进一步完善和落实户籍制度改革政策的通知》，在亲属落户、投资落户以及毕业生落户等方面大幅放宽了省内人口迁移落户郑州的条件。2003年8月，郑州市进一步调整户籍政策，将之前多元化的户口类型统一为“居民户口”，实行户籍一元化管理。同时落户政策进一步放开，甚至只要在当地就业、缴纳社会保障，就可以将户口迁入郑州市，户籍门槛彻底打破。

然而，一年后郑州户籍新政被突然叫停，引起了社会的广泛关注。据有关资料显示，郑州户改被叫停的关键原因就是户籍放开后大量人口进入给城市福利和保障体系带来严重压力。特别是城市交通、教育资源以及社会保障等方面的压力尤为突出。郑州市公安局统计数字显示，郑州市户籍放开后的前四个月时间里，共迁入外地人口 8.9 万人，其中，适龄学生就有 2.5 万人。2001 年 11 月至 2005 年 4 月，共有 38 万多人将户籍迁入郑州市，其中 10 万多人是 18 岁以下的青少年及学龄前儿童，生源数量急剧扩张，使郑州市的教育资源供求矛盾日益突出，打乱了正常的教学秩序。市区一些教育水平较高的中小学校都出现入学难问题。

户籍制度改革必然要求联动推进城市就业、医疗、教育、交通等城镇公共服务领域的改革，涉及多个政府部门，是一项牵一发而动全身的系统工程。郑州市推进户籍制度改革的初衷是好的，但是，政府在制定户籍具体政策时，一味重视落户人口规模的增加，而忽视了配套的城市公共服务和社会领域改革及发展，未将相关公共设施的添加纳入规划并具体实施[①]，因此，必然会给城市带来各方面的压力。

尽管郑州户籍新政存续时间不长，但其破除二元户籍制度的意愿是值得肯定的。虽然一开始由于迁入人口过多导致城市公共服务供给短缺，配套制度改革没有先行规划，但是，在问题出现后，有关部门能及时调整政策，加快相关配套公共服务供给能力建设，最终使公共服务供需矛盾得到缓解。我们从郑州户籍新政得到的经验教训，就是推进户籍制度改革必须先行推进公共服务等方面的配套改革，不能仅靠公安部门单方面来达到改革目的。

① 胡云生. 郑州“户籍新政”的公共决策分析 [J]. 决策咨询，2004（11）.

第二节 上海居住证制度

与国内其他地方实行的人才居住证制度有所不同，上海市居住证制度先后经历了三个不同发展阶段，将最初的人才居住证制度推广到面向所有外来人口的户籍管理制度，并设置了向常住户口接轨的制度接口。

2002 年 4 月，上海市像国内很多城市一样颁发了人才居住证制度，并以此替代原先实行的“蓝印户口”政策。依据规定，外来人口在上海居住半年以上、有合法住所、稳定收入和职业的、具备本科以上学历或者具有特殊才能，就可以申领《上海市居住证》。持证人可以在创办企业、申请子女就读、办理因私出国手续、参加社会保险等方面享受市民待遇。但这种人才居住证制度要求条件太高，只有极少数政府引进人才才能成功办理居住证，其享受的待遇水平与城市居民相比还有较大差距。

2004 年 8 月，上海市进一步完善居住证制度，将居住证实施对象从人才引进向全体外来人口推广，规定只要在上海拥有稳定就业和稳定居所，缴纳综合保险，提供投靠亲友、就读、进修等相应证明，就可以申领居住证。此项规定的实施虽然在一定程度上扩大了居住证的申领对象，但居住证持有者在劳动就业、社会保险、子女教育等方面仍与城镇户籍居民存在较大的差距。

2009 年 2 月 23 日，为满足外来人口落户上海市的需求，促进经济社会的长远发展，上海市政府发布政策，明确了居住证转户籍的具体路径。主要包括五项基本条件和四项激励条件。如表 8–1 所示。

表 8-1 上海市居住证转常住户口的具体路径

	条件要求
五项基本申办条件	持有《上海市居住证》满 7 年
	持证期间按规定参加上海市城镇社会保险满 7 年
	持证期间依法在上海缴纳所得税
	在上海市被聘任为中级及以上专业技术职务或者具有技师（国家二级以上职业资格证书）以上职业资格，且专业及工种对应
	无违反国家及上海市计划生育政策规定行为、治安管理处罚以上违法犯罪记录及其他方面的不良行为记录
四项激励条件	在本市做出重大贡献并获得相应奖励，或在本市被评聘为高级专业技术职务或高级技师（国家一级职业资格证书）且专业、工种与所聘岗位相符
	在本市远郊地区的教育、卫生等岗位工作满 5 年
	最近连续三年在本市缴纳城镇社会保险基数高于本市上年度职工平均工资 2 倍以上的，或者最近连续三年计税薪酬收入高于上年同行业中级技术、技能或管理岗位平均薪酬收入水平的技术管理和关键岗位人员
	按个人在本市直接投资（或投资份额）计算，最近连续三个纳税年度内累计缴纳总额及每年最低缴纳额达到本市规定标准的，或者连续三年聘用本市员工人数达到规定标准的相关投资和创业人才

上海市实行的“居转常”制度，为外来人口从申领居住证到转变为常住户口提供了一个明确的通道和具体路径。改革相对制度成本较低，制度转换的稳定性较高，对于特大城市推进户籍制度改革具有重要的参考价值。

一方面，它在僵化的户籍制度之外建立了一种外来人口通过自身努力落户城市的制度性通道，能够有效激发广大外来人口融入城市的主动性和积极性。另一方面，这种类似“双轨制”的改革方式具有较强的可控性，在保持现有城镇居民公共服务和福利水平不变的条件下，增加和改善了居住证持有者以及“居转常”人口的社会福利，具有较强的增量主义改革特点。

但是，总体来看，上海的居住证改革模式以效率优先为宗旨，在户籍政策的价值目标上仍然没有完全遵循社会公平的价值取向。同人才落户类似，这种居住证模式是一种利用现有城市户口的价值引进人才的工具性政策。居住证制度仅仅解决了只占外来人口一小部分的外来人口的城市身份和市民待遇问题，而将大量外来务工人员排除在外。如表 8-2 所示。

表 8-2 上海市户籍制度改革主要政策法规

发布时间（年）	文件名称
1994	《上海市蓝印户口管理暂行规定》
2002	《引进人才实行〈上海市居住证〉制度暂行规定》
2004	《上海市居住证暂行规定》
2004	《上海市居住证暂行规定》实施细则
2009	《持有〈上海市居住证〉人员申办本市常住户口试行办法》
2009	《持有〈上海市居住证〉人员申办本市常住户口试行办法》实施细则
2016	《上海市人民政府关于进一步推进本市户籍制度改革的若干意见》

第三节 广东积分制落户

广东省是全国最大的外来人口输入省，暂住人口超过 3000 万人，约占全国的 1/3，其中农民工有 2300 多万人，约占暂住人口总数的 80%。广东省在推进户籍制度改革方面一直走在全国前列。早在 1998 年，广东省就颁布了《流动人口服务管理条例》。2009 年，中山市在借鉴和参考国际上人口迁移管理经验的基础上，推出了对外来人口的积分入户政策。2011 年 12 月 6 日，广东省出台了对农民工积分入户的指导意见。[①] 如表 8-3 所示。

① 指导意见从六个方面对积分制政策进行了改进，其中将积分入户适用对象范围由“在粤务工的农业户籍劳动力”扩大至所有在粤务工城乡劳动者。

表 8-3 广州市农民工积分制入户的评分标准

计分类别	计分标准
基础分	①年龄；②个人素质：文化程度及技能；③社会保障；④住房
导向分	①急需的专业和工种；②重点发展的行业；③政策导向的区域
附加分	①毕业院校；②和谐社会关系；③社会服务；④表彰奖励；⑤投资纳税
扣分项	①超生；②劳动教养；③刑事处罚

积分制入户政策打破了传统的城乡二元户籍管理制度的框架，为农民工落户城镇提供了一条新的切实可行的通道。积分制管理政策不再将户籍作为城镇福利分配的唯一依据，在一定程度上将户籍与福利进行了剥离，用公共服务的条件准入制代替了传统的户籍身份的条件准入制，即外来人口只要满足一定的条件就可以享受城镇居民享有的部分公共服务。这种改革模式具有重大的进步意义，为提高城镇常住人口均等化服务水平和促使户籍制度回归本身功能做出了重要贡献。

积分制管理政策对人口流动迁移具有鲜明的导向性。在积分入户这种利益导向机制的引导下，广大外来人口会对照积分标准有意识地提高自身整体素质，对社会做出更多更大贡献，同时，在负分指标约束下遵纪守法，做文明守信公民。

在大城市的户籍政策中，广东的积分入户政策是一个突破。与上海实行的人才落户政策相比，广东的积分入户政策对于普通农民工落户大城市将会更加容易；与成都、重庆落户仅限于本行政区的户籍人口相比，广东的积分入户政策突破了地域限制，使跨省流动的农民工异地落户成为可能。

积分制入户政策作为一项地方政府户籍改革创新，意义重大，但在实践中还需要进一步完善。从目前情况来看，由于受到自身素质和能力的限制，绝大多数常住农民工很难达到积分标准实现入学入户。实际上农民工入户后可享受的基本公共服务也不明确，社保、医疗、住房等基本公共服务尚未真正纳入积分制管理，积分入户后可享受的待遇较少。

第四节 重庆统筹城乡户籍改革

重庆市是我国统筹城乡综合配套改革试验区。2010 年 8 月，重庆市为深入推动统筹城乡综合配套改革，促进城乡资源要素有序流动，出台了《重庆市人民政府关于统筹城乡户籍制度改革的意见》。如表 8–4 所示。

表 8–4 重庆市户籍制度改革过程中农民转户条件

	转户条件
主城区	① 市籍农村居民在主城区务工经商五年以上，本人及其共同居住生活的配偶、子女、父母可申请在合法稳定住所迁移入户。 ② 本市籍农村居民购买商品住房，本人及其共同居住生活的配偶、子女、父母可迁移入户 ③ 本市籍农村居民投资兴办实业，三年累计纳税 10 万元或一年纳税 5 万元以上的，本人及其共同居住生活的配偶、子女、父母可在合法稳定住所迁移入户
远郊 31 个区县城	①本市籍农村居民在远郊 31 个区县城务工经商三年以上，本人及其共同居住生活的配偶、子女、父母可申请在合法稳定住所迁移入户 ② 本市籍农村居民购买商品住房，本人及其共同居住生活的配偶、子女、父母可迁移入户 ③本市籍农村居民投资兴办实业，三年累计纳税 5 万元或一年纳税 2 万元以上的，本人及其共同居住生活的配偶、子女、父母可在合法稳定住所迁移入户
其他乡镇	本市籍农村居民本着自愿原则，可就近就地转为城镇居民
其他规定	①本市籍农村未成年子女投靠父母、夫妻投靠、年老父母投靠子女自愿转为城镇居民的，可迁移入户 ②城镇年老父母身边无子女，其本市籍农村子女可投靠迁移入户 ③本市籍优秀农民工及其共同居住生活的配偶、子女自愿转为城镇居民的，不受居住时间限制

资料来源：根据重庆市户籍制度改革的相关文件整理。

重庆市户籍改革主要分为两个阶段推进，到 2020 年，重庆市计划转户农民 700 万人，城镇化水平达到 60%。重庆市在户籍制度改革的过程中，为充分保障农民利益以及充分考虑城镇公共服务承载能力，在“进城”“离土”等环节为农民转户进城设计了一整套政策体系。

对农民土地的退出设置了三年的过渡期；保留农民转户后的林地使用权、计划生育政策以及农村现有的各项补贴政策；将就业、教育等五项基本公共权益覆盖转户农民。[①] 如表 8-5 所示。

表 8-5　重庆市户籍制度改革中农民转户的好处

项目	转户好处
承包地	转户居民退出承包地，可以按照本轮土地承包期内剩余年限和同类土地的平均流转收益标准得到相应补偿
宅基地	退出宅基地使用权和农房的，将获得三笔补偿资金。一是参照同时期区县（自治县）征地政策对农村住房及其构附着物给予的一次性补偿；二是参照地票价款政策给予的一次性宅基地使用权补偿；三是参照地票价款政策给予的一次性购房补助
住房	可申请公租房居住，在条件成熟时，还可以登记为购买。同时，鼓励转户居民购买普通商品房，符合条件的可纳入廉租住房保障
养老	可参加征地农转非人员养老保险，到年龄后可领取至少每月 500 元养老金
医疗	可自愿选择参加城镇职工基本医疗保险或城乡居民合作医疗保险，享受相应医疗保障
教育	转户居民子女可按照就近入学的原则就读城市学校，享受与现有城镇学生的同等待遇
就业	劳动年龄段的转户居民可以享受免费技能培训和创业培训，自主创业可以享受城镇创业扶持政策，就业困难人员还可以享受“一对一”的就业帮扶以及公益性岗位的托底安置政策
社会救助	符合条件的困难家庭，可按规定享受城市居民最低生活保障待遇

资料来源：根据重庆市户籍制度改革的相关文件整理。

重庆市的户籍制度改革政策以及 10 年推进 1000 万农民进城落户的宏伟计划，是我国推进户籍制度改革以来规模最大、配套最全、影响最广的一次户籍制度改革实践。改革的最主要特点就是联动推进户籍制度、城市福利和保障制度以及农村土地制度三个制度变革，在破除城乡二元结构方面取得了重大突破。重庆户改实现了在省域范围内农村居民大规模集中落户，对农民转户后涉及的城市公共服务保障和

① 转户农民三年后退地的规定引起了社会上的广泛争议，被指责为要求农民进城落户必须以失去土地为代价。此后，重庆市政府明确规定，农民转户将不与土地相挂钩，农民转户后可以永久享有其在农村的土地权益。

农村土地处置等难点问题都给出了系统设计。

重庆市推进农民转户进城，将常年在城镇务工经商的农民工作为转户的主要对象，对城镇基础设施和公共服务不仅不会造成大的冲击，而且还会提高转户农民的消费需求，形成新的经济增长点。这是一次综合考量城市发展和农民利益、真正朝着推进城镇化和城镇公共服务均等化目标迈进的户籍制度改革实践，而不是国内一些城市推出的只面向外来精英人口的户籍准入政策。但是在户籍改革过程中，重庆市在转户农民的权益保护机制方面还需要进一步完善。主要体现在以下三个方面：

一是政府对退地转户农民的补偿偏少，与土地的市场价值差距甚远。特别是在对农民宅基地退出的补偿问题上，政府只是按照农村征地标准对农民住房进行补偿，补偿标准严重偏低；参照地票价款政策对宅基地的补偿金也严重不足。大部分农民退出所有的土地权益后不能支付起在城镇的购房支出。而政府利用地票政策将会获得土地市场价值和对农民进行补偿后的相当大的差额收入。

二是政府为转户农民提供的城镇公共服务的含金量不足。解决子女教育问题是进城落户农民工最大的心愿。此次户改，基本解决了这一问题。在住房方面，重庆市大规模修建的公租房对真正在当地城镇工作居住的转户农民极为有利，但是，在转户农民中有很大一部分并未实现当地稳定就业，因此，公租房政策鞭长莫及。在就业方面，面对目前已基本市场化的就业格局，政府的就业扶持政策对转户农民来说意义不大。在社会保险方面，我国基本的养老保险和医疗保险正逐步走向城乡一体化、全面覆盖。农民工的社会保险已纳入城镇社会保险体系。转户政策将转户农民工纳入城镇社会保险体系并非是农民转户的真正福利，这是我国完善各项社会保障政策的应有之义。总之，重庆市户改涉及的对转户农民的公共服务保障是有限的，将政府为常住人口提供公共服务的职责当成转户农民的福利，政策上是不可取的。

三是在重庆户籍改革中，政府行政推动色彩浓厚。在重庆模式的操作中，政府方面是户籍制度改革中农村土地退出机制的政策设计者和操作者。在农民房屋拆迁、集中居住、宅基地复垦，以及对复垦指标进行地票交易过程中，地方政府都强力参与，积极推进。因此，整个户籍改革过程不可避免地就会出现为了追求转户数量而采取行政推动的方法和措施。

第五节　案例总结及相关启示

近些年，虽然我国许多地方政府都不同程度地推进了户籍制度改革，但是从综合影响力来看，上述四个地方的户籍改革在全国最为典型，为我国全面推进户籍制度改革、加快推进城镇化进程提供了经验借鉴。我们既要认真学习地方户籍制度改革的成就和经验，同时也应该正确认识到在地方户籍改革中存在的不足和问题，采取措施妥善解决，从而进一步推进户籍制度改革。

一、地方户籍改革实质上是建立一种利益交换机制，反映了城市政府与流动人口的博弈过程

在我国现行户籍制度下，在各级城镇中以农民工为主体的广大外来人口工作、生活都处于不稳定状态，不能很好地融入城市生活。在福利待遇方面，即使是已经进城多年，在城镇长期工作居住的外来人口，至今仍然被排斥在城镇福利和保障体系之外，与城镇居民在身份和待遇上存在较大差别。因此，获得城市户口、融入城市生活、获得公平的福利待遇，正日益成为广大农民工特别是新生代农民工的强烈愿望。

从上面的各地户籍改革实践来看，各地的户籍改革创新举措实质上是建立了一种新的城镇利益分配机制，反映了城市政府与外来人口的博弈过程。地方的户籍改革措施在一定程度上满足了一部分外来人口落户城镇、享受城镇公共服务的愿望，同时地方政府在此过程中也获得了较大的利益激励，将城镇户口作为人才引进、吸收投资、获取土地增值收益等方面的交换条件。这种以外来人口自身素质和能力以及附属资源要素的价值作为主要考评指标的城镇落户准入条件的做法，实质上是一种外来人口与城市政府的利益交换机制，具有明显的市场交易性特征。

而对于较低端的劳动力，某些地方也开始将其纳入户籍制度改革对象。以往城市政府对外来人口通常是“只要人手，不要人口”，现在的情况有所改观，一些地方政府将农民工群体作为户籍制度改革的主要对象，是认识到了“人口”对于缓解工业发展的“用工荒”以及扩大内需的积极意义。

二、地方户籍改革开启了农民工有序进城落户的正常通道，加快了区域城镇化进程

改革开放以来，我国有越来越多的农民工特别是新生代农民工渴望融入城市社会，转变为城市居民，能够在城市更加稳定地工作和生活。这就迫切要求各地方政府要更加重视解决流动人口面临的现实问题，把符合落户条件的外来人口逐步转为本地城镇居民。

各地方政府的户籍改革在人才落户和投资落户之外，也给普通流动人口尤其是广大农民工提供了落户渠道，规定在当地具有一定居住和工作年限并缴纳社保的外地人口也可落户。这开启了农民工有序进城落户的有效通道，对于破解城乡二元结构、促进区域城镇化进程具有重要意义。

三、地方户籍改革构建了一种农民工城市公共服务获取机制，为下一步深化户籍改革提供了新思路

现行户籍制度作为公共资源和社会福利分配的依据和手段，是当前城乡差距形成和扩大的重要原因。无论是郑州户改的全面放开、上海的居住证制度的梯度获取、广东积分制指标管理，还是重庆统筹城乡户籍改革，无疑都为我们指出了一些切实可行的探索之路。

特别是上海居住证制度和广东积分制管理政策，两者都打破了长期以来把户口作为城镇公共服务分配的主要依据的僵化局面，设计出一套新标准作为外来人口享受城镇公共服务的依据。这不仅为构建外来人口特别是农民工群体城镇公共服务获取机制提供了借鉴，对缩小城乡福利差距、促进城镇基本公共服务均等化也提供了新的思路。但是，城镇各类人口基本公共服务均等化的改革目标却远远没有完成。

四、地方户籍改革没有从根本上剥离户籍与福利，还存在普惠不足、门槛歧视等问题

各地户籍改革在城乡二元户籍体制暂时未能动摇的情形下，通过地方试点的形式为解决户籍问题做出了一些有益探索，在一定程度上为解决部分流动人口及其家属享有城市福利设置了一定的途径。同时，我们也应该看到，各地的户籍改革政策并不完美，有的甚至还存在很多问题。从长期来看，地方的户籍改革实践可能只是全国层面户籍改革的探索实验，具有阶段性和过渡性特点，还有很多需要完善的地方。只要还存在城乡二元结构，二元户籍管理制度就会一直存在，建立在户籍之上的城乡二元福利制度和二元土地制度也会继续维持，户籍改革的任务就要不断推向前进。当前地方上的户籍改革措施更多的是一种通过现行户籍制度下城镇户籍的福利让渡来扩大享受城市福利的人口总量，二元户籍管理制度并没有从根本上得以改变。

如果仔细考察某些地方的户籍改革举措和相应条款就可以发现，这些户籍改革措施都存在吸引人才落户的偏好，而将那些所谓的“低素质”农民工排除在政策之外，带有明显的歧视性特征。从目前情况来看，对绝大多数农民工来说，他们很难通过地方的户籍改革政策实现入学入户，公平享受城镇基本公共服务。

五、地方户籍改革尚未触及户籍制度深层次的矛盾和问题，没有建立适合人口迁移的利益分配机制和公平的土地处置机制

如何解决农民工进城落户问题，始终是我国户籍制度改革必须首先要面对的问题。各地在户籍制度改革方面先行先试，积极探索实践，对全面构建新型户籍管理制度十分必要。但从长期来看，这些改革探索尚未触及户籍制度深层次的矛盾和问题。主要体现在以下三个方面：

一是如何构建适应新的户籍迁移政策的经济社会利益分配机制。中国现有的财政体制，教育、医疗、社保等经费绝大部分由各个城市自己统筹。在这种背景下，人口的迁徙就涉及中央与地方之间以及地区间利益的重新分配。如果财政体制不改革，中央和地方的财政关系不调整，只是由地方拿出财政的增量来吸纳流动人口，只能解决少数人的问题，解决不了上亿农民的城镇化问题。此外，作为城市发展重要资源的建设用地指标，是否能够实行与户籍迁移联动的“地随人走”模式，从而缓解城市因人口增加带来的用地紧张问题，更重要的是利用土地级差的杠杆推动人口城镇化进程，补助新增人口的公共服务支出。

二是城镇基本公共服务体系建设在户籍制度改革中的地位和作用还没有完全明确和重视。目前，城镇公共产品和公共服务的建设一般只被看作是推进户籍制度改革的配套措施，总是期待抓住户籍改革这个“牛鼻子”就能解决所有问题。这是一个严重的误区，以致我国多

年来户籍制度改革一直难以推进。要知道户籍制度改革的实质内容是要推进人口自由流动、享受公平合理的基本公共服务，不改革内容，而一味在形式上做文章，其结果必然不得要领，达不到改革目的。从各地的户籍改革实践来看，基本都是围绕传统的户籍制度做一些“开口子”“降门槛”的工作，并没有真正将户口与福利剥离开来，也没有将城镇基本公共服务体系建设作为适应新型户籍制度的重点来改革完善。因此，各地针对户籍制度的改革探索必然是不彻底的、短期的，且是以城市利益最大化为目的的，具有较大的局限性。

三是在户籍制度改革中农民的土地使用权及房屋财产的处置问题。一些城市的户籍改革政策对于本地农民入城可以三年不用交土地，但是三年之后怎么办并不知道，另外，对于跨省迁徙涉及异地土地问题，各地都无法处理。目前法律规定的农民迁入设区城市必须放弃土地使用权的条款在新形势下能否继续适用，农民在进城落户过程中土地财产权利如何保护和实现，是否必须以放弃土地为代价，实行所谓的“土地换社保”“宅基地换住房”政策。在实践中，农民放弃土地使用权的土地定价是否合理。一些城市规定农民可以保留农村的承包地，进城就业、参加社保，但没有明确农民手中承包地的保留期限。如果暂时保留农民的承包地，承包地何时退出以及怎样退出的问题还需进一步研究解决。如表 8-6 所示。

表 8-6　国内户籍制度改革典型案例分析

典型地区	主要对象	准入条件	待遇水平
郑州户籍新政	本省外地居民	第一次，2001 年 11 月 1 日，在亲属入户、投资入户和毕业生入户等方面放宽限制； 第二次，2003 年 8 月 22 日，落户只要求有劳动合同，并缴纳社会统筹金	与本地市民同等待遇

续表

典型地区	主要对象	准入条件	待遇水平
上海居住证制度	外地非农户籍人口	申领居住证条件：有稳定就业和稳定住所，就业者按规定缴纳综合保险，投靠亲友、就读、进修等提供相应证明 居住证转户籍条件：持有《上海市居住证》满七年；持证期间按规定参加上海市城镇社会保险满七年；持证期间依法在上海缴纳所得税；在上海市被聘任为中级及以上专业技术职务或者具有技师（国家二级以上职业资格证书）以上职业资格，且专业及工种对应；无违反国家及上海市计划生育政策规定行为、治安管理处罚以上违法犯罪记录及其他方面的不良行为记录	持有居住证人员与本地市民在待遇上有较大差距
广东积分制落户	外来农民工	积分制入户办法的积分体系包括基础分、导向分、附加分三大类，在基础分设定上强调年龄、文化程度、技能等要素；在导向分设定上，突出紧缺专业（工种）、重点行业和区域；在附加分设定上，明确个人表现、和谐劳动关系、社会服务等方面的内容。积分政策规定原则上农民工积满 85 分就可申请入户	住房、社保、医疗等基本公共服务尚未真正纳入积分制管理
重庆户籍改革	本地农村人口	在主城区：购买了商品住房；务工经商五年以上，具有合法稳定住所；投资兴办实业，三年累计纳税 10 万元或一年纳税 5 万元以上的，具有合法稳定住所的 在远郊 31 个区县城：购买了商品房；务工经商三年以上，具有合法稳定住所；投资兴办实业，三年累计纳税 5 万元或一年纳税 2 万元以上，具有合法稳定住所的 在其他乡镇，本市籍农村居民本着自愿原则，可就近就地转为城镇居民	与本地市民同等待遇

第九章　户籍管理的国际经验及启示

户籍制度是一种以土地和家庭为依托的人口管理制度，许多国家对户籍制度都比较重视。当然，不同国家的户籍在管理方式和制度内容等方面存在较大差异，这与该国的具体国情息息相关。“他山之石，可以攻玉”。我国目前正处于户籍制度改革的关键时期，了解和借鉴其他国家的户籍管理制度，对于促进我国户籍制度改革进程、选择合理的户籍制度改革模式具有较强的现实意义。现就世界上几个具有代表性的国家的户籍管理制度做以下简单介绍。

第一节　美　国

作为发达的资本主义国家，美国十分重视人口的登记与管理，经常性的人口登记制度与人口调查是美国最常见也是最主要的两种人口管理方式。但与中国不同的是，美国并没有严格的户籍管理制度。

一、人口的登记管理

在美国，社会安全号码（Social Security Number，SSN）、驾驶执照和银行信用卡几乎都可以起到身份证明的作用。任何一位美国公民在出生时就可以从政府那里得到一个社会安全号码，该号码将伴随其一生，直至死亡。美国公民无论是上学、就业，还是开立银行账户、申请信用卡，或是申请汽车驾照，甚至是在用水、电、电话时，都需要提供社会安全号码。通过社会安全号码，美国的各个地区、行业或部门能查询一个人的基本情况，如姓名、年龄、家庭地址、工作单位甚至是违反过交通规则或肇事记录等。可见，社会安全号码大大提升了各行各业的工作效率。

通常美国的人口管理途径可以分为四大类：一是经常性的人口登记制度，包括出生、死亡、结婚和离婚等；二是人口普查和抽样调查，美国每十年进行一次人口普查，但每年都会进行数次不同内容的抽样调查；三是可通过社会安全号码查询的个人信息的变化或更正；四是社会安全号码所有者的迁移记录。

二、人口的迁移管理

美国公民具有充分的自由迁移和迁居的权利，能够在人力资源市场上实现市场规律对劳动力资源的安排和配置。不过，美国公民的自由迁移或迁居并非不受任何限制，在各个地方同样都为人口迁入设置了准入条件。一般而言，尽管美国公民在地理上迁移相对自由，但要想真正融入迁入地的社会权利体系，却不是无条件的。迁入地的限制条件包括：

（1）等待期要求。一些州规定新进入该州的居民必须居住满一年之后，才能获得本州长期居民的待遇；在接受高等教育阶段，这些州通常会要求居住不满一年的大学生支付较高的学费。诸如此类的政策，对新迁入者提出了“等待期要求”。

（2）固定时点居住要求。这项政策规定公民在人生的某一段时期只能属于该州居民，常见的有出生时或从出生开始到某一年龄（通常为 18 周岁）为止；不过，这些规定受到联邦最高法院的违宪质疑，其理由是，这样的规定违反了同等保护条款，对公民的迁徙权构成侵犯。

（3）真诚居住要求。真诚居住是指现在的实际居住状态以及在未来无限期内继续居住下去的选择。有些州规定，一旦某人被确认为本州的真诚居住者，他/她就可以享受本州居民的待遇，获得与本州居民同等的受教育福利，包括免费进入公立学校接受基础教育，在高等教育中获得学费减免等。但要想准确判定“真诚居住”并非易事，一般这些州会借助客观物质因素等来加以识别，例如，调查孩子是否与父母或其法定监护人共同居住在学区内等。

为了使孩子能够接受到更好的义务教育，美国的一些家长也会因为子女的上学问题而举家迁移，但这些新迁入的家庭需要向迁入地政府缴纳物业税。这是因为在美国，公立教育是由地方政府来承办的，而物业税不仅是地方政府公共预算收入的重要组成部分，也是实现公共学校开支的重要资金来源。

三、人口的调查统计

由国家或政府组织的人口普查最早源起于美国。人口普查最大的问题是公民的信息泄露，出于这方面担心，有些普查对象可能不愿意配合调查或者提供不真实数据。为了解决这一问题，美国人口普查资料的保密性非常高，包括警方和联邦调查局在内的机构均无权调用这些资料，否则可能受到 5000 美元的罚款或监禁 5 年的刑事处罚。在美国，人口普查在人口管理中发挥着重要作用，意义重大，主要体现在以下几个方面：

（1）人口普查数据是联邦政府划拨年度社区服务经费的重要依据，这些经费将用于社区开发、教育和就业培训以及养老和卫生等方面的投入。

（2）州政府和地方政府将人口普查信息作为众多项目规划和资金划拨的依据，包括修建校舍和图书馆等公共建筑。

（3）社区的服务供给和活动安排也参考人口普查情况。

（4）私营部门和生产性单位通过普查数据进行投资建厂选择，如选择大型商场和电影院的位置等。

（5）普查数据还与国会和立法机构在各州的席位数有关。[①]

第二节 法 国

与我国相类似，法国同样设置了户籍管理制度，但法国的户籍登记内容比我国的“户口”复杂得多，除公民及其父母的基本信息之外，还加入了宗教信仰等内容。但是，除了《民法典》稍有提及之外，法国并无关于户籍制度的专门法律。在政府部门中，有专门负责户籍信息变更、人口普查和信息整理的行政官员。

一、人口的登记管理

出生申报和出生证制度。在法国，婴儿出生后，其父亲或医疗人员需在 3 日之内申报；未经申报的，当地法院会开出判决，要求其进行补充登记。随即完成的出生证书记录了新生婴儿的个人信息和家庭信息，该证书必须在证人的监督下填写方才有效。与出生证书相对应的是死亡证书，有政府部门负责户籍信息变更的行政人员在死亡现场取证后制作完成，并寄给死者生前所在地的户籍管理人员进行登记。[②]

二、人口的迁移管理

法国没有制约人口流动的规定或强制性行政措施，人们可以根据

① ［美］希尔斯曼. Roger Hilsman. 美国是如何治理的［M］. 曹大鹏译. 北京：商务印书馆，1995.
② 蓝海涛. 我国户籍管理制度的历史渊源及国际比较［J］. 人口与经济，2000（1）.

自己的意愿，在法国境内进行跨越地区的迁徙或流动。当然，完善的社会保障体系是法国人口得以自由流动的重要制度保障。在法国，包括医疗保险和失业救助等社会保障项目均已实现全国联网。以社会保险为例，每位法国公民都有一个只属于他/她个人的社会保险号码，在实际操作中，当事人在全国范围内发生的医疗保险、失业救助或住房补贴等一切社会保险事项，只要告知原住地的社会保险机构，让其将当事人的个人资料转到新居所对应的社保机构即可，当事人的社会保险权益不会因其居住地的变化而发生变化。

三、人口的调查统计

法国的人口普查没有什么时间规律。现有记载最早的人口普查发生在 19 世纪初期；在之后的不到半个世纪里，共有三次普查。但之后，人口普查被中断，直到近 100 年后的 20 世纪 30 年代，才开始步入五年一查的制度化阶段。但第二次世界大战很快打破了这种周期性，此后的人口普查虽然在内容上更加充实和先进，但普查时间仍呈现出高度的不规律性。

第三节　日　本

日本地势狭长，与中国隔海相望，是亚洲经济较为发达的岛国之一。日本早期的户籍制度受中国世袭和等级制度的影响，但随着日本迈向资本主义，户籍制度也逐渐与西方发达国家的户籍制度趋同，总体而言，并无强制约束人口迁移的制度规定或相关政策。

一、人口的登记管理

日本在1871年和1947年先后颁布两部《户籍法》，前者保障了公民的基本迁徙权，后者细化和完善了日本的户籍管理制度。日本人口管理体系的核心是户口簿和住民票。

户口簿是以家庭为单位编制的，簿内是各家庭成员的户口登记卡，登记卡上填报的登记内容受严格的法律规定的限制，由“依人编制”（记载个人的重要身份事项）和“家庭卡片”（记载个人与其他家庭成员间的社会关系）两部分组成，主要起到登记身份和公证的作用。日本公民在办理出生、婚姻、死亡或遗产继承等事务时，均须以户口簿为凭证。

住民票是日本最常用的户籍文本，依据公民的居住地设立，记载了包括公民的姓名、性别、出生年月、住址以及与户主关系等十余项内容，是确认公民的日常住址、迁移、纳税、选举、接受义务教育以及领取健康和年金保险、米谷配给等的根本依据。住民票完全随居民的实际住址移动的，真正实现了“户籍随人走”，为人口迁移提供了便利。

二、人口的迁徙管理

日本在保障迁徙自由的同时，也设计了一套严格的法律制度来规范迁徙管理。住民票和迁出证明是日本公民迁徙前必须完成的两道手续，后者记录了具体的迁出信息及其理由。在迁徙发生后，公民还需按要求到指定地点办理迁入登记。尽管日本并不限制国民对居住地的选择或自由迁徙，但这种严格的户籍登记制度，事实上是使政府在保障国民自由迁徙权的同时，随时随地掌握国民的实际居住地和流动情况。这种兼顾公民自由迁徙权和流动人口有序管理的做法，能保证行政当局与普通公民之间良好的协调关系，从而在确保政府沉着应对人口失控等状况的同时，保障国民在自由迁移之后，仍然能得到与迁出时相类似的社会保障和政策福利，从而强化了公民对日本国的归属感。

三、人口的调查统计

人口密度较高和人口老龄化问题严重是日本面临的两大严峻挑战。为全面、完善地掌握人口信息，日本建立了动静结合的人口统计制度。传统的人口普查揭示了人口的数量、结构和分布，一般每隔五年进行一次普查。普查类型也有所区分，一般地，大规模人口普查在尾数为“0”的年份进行，简易人口普查在尾数为“5”的年份进行。

动态统计由厚生省（卫生部）主管，主要对国民的出生、死亡、结婚、离婚以及人口转移等内容进行统计。各级政府依法自下而上地登记、汇总并上报数据变更，得出人口整体的动态统计。登记统计采用的是统一的项目格式和内容，因而能保证各地、各级上报的数据口径一致，能够统一汇总。此外，人口转移也属于人口动态统计项目。无论针对国内的人口转移统计，还是人口的跨境转移统计，均有具体的法律依据和责任部门。这些人口迁移需要在市、街道与村一级登记并按要求上报，人口的国内转移情况最后由总理府统计局汇总，人口的国际转移情况由法务省汇总得出。

第四节 巴 西

一、人口的登记管理

巴西的人口管理采取的是分散型的管理模式，未设立国家层面的负责各州民事登记系统的全国登记中心，国内的民事登记事项交由分布在各个州的独立民事登记系统完成。尽管在1912年的《民法典》中，包含了全国性的民事登记管理法规——《人口登记和身份证法》，但在实际工作中，全国26个州保留了对联邦民事登记法的独立解释权，导致各州制定的民事登记法律和条例在一定程度上与联邦立法存在差异。在巴西，辖区内的民事登记事务由各个州政府设立的民事登记局管理，在市政当局、医院和法院内均设有负责民事登记工作的基本单位。

从个人角度来看，巴西民事登记制度有利于对公民个人的出生、死亡和其他与生命相关的事件进行登记、公示和公证，从而证明公民合法身份。其中，出生记录能为公民证明其身份和民事地位，包括个人基本信息和父母亲的信息等，这些民事地位信息关乎个人与家庭的广泛权利与活动，包括享受社会福利的资格，如教育服务、家庭津贴、儿童护理与保护、保险受益权、财产权、继承权等。从社会角度来看，巴西的民事登记制度为政府公共决策提供了必备的人口信息，是政府制定和实施各项社会政策的前提基础和重要依据。巴西民事登记制度不会导致制度维度上的社会排斥功能。事实上，巴西已经在1871~1888年废除了农奴制，从而消除了各种族群体之间的歧视性政策。

二、人口的迁移管理

巴西的人口迁移管理实行的是“事后申报登记制”，公民只需凭借自己的身份证即可享受自由迁徙的权利。依据巴西《人口登记和身份证法》规定，本国居民在外出旅游或办理公务时，只需出示居民身份证即可证明自己的身份，公民身份具有较大的独立性。对于迁徙或者改变居住地的公民，只需要在迁入新住地后依法按时申报登记即可，不会有其他人为的约束或限制。

第五节　对我国户籍制度改革的启示

一、经验总结

上述国家的户籍制度改革各有千秋，但其中的共性却值得关注，这些共性能够反映出户籍制度管理的基本特点和内涵。

（一）户籍管理的制度化水平较高

上述国家在户籍制度法制化方面都有一定的体现，具体表现为指定专门法或在民法典中有所体现。如日本的《户籍法》，以及巴西的《人口登记和身份证法》等，均对户籍管理的责任和执行机关、管理流程等做出了详细的规定，在确保当地人口的有序管理方面发挥了关键作用。可见，户籍制度的法制化过程有利于减少管理过程中的随意性，完善户籍管理的功能和地位。

（二）户籍登记的内容较为全面

上述国家或地区的户籍登记内容当中均包含有出生年月、出生地点、父母姓名、迁入迁出、婚姻和认领情况等事项，虽然在具体的登记内容上，各国繁简不一，但是对当事人基本个人信息的记录却不谋而合，这些信息不仅记录了公民的权力与义务，也为可能发生的民事案件提供了法律依据。相比之下，尽管我国户籍登记的个人基本信息方面与上述国家比较类似，但在其他方面还有所欠缺。当然，各国的户籍登记与我国的现行制度也存在一定的差异，最突出地体现在这些国家较好地反映了户籍平等的精神，具体表现为以居民的实际住所或常住地作为人口登记的基准，不对户籍进行城乡或地域性的划分。

（三）在人口迁移管理上，承认公民的迁徙自由权

由于不少国家或地区将迁徙自由视为公民基本权利，这也使相应的户籍管理制度在人口迁移管理过程中表现出“事后转移”的特点，这种制度的优势在于避免了公民在迁移过程中受到人为因素的影响，而在登记过程中，一旦迁入者确定了住所，随时都可以向迁入地户籍管理部门申报人口登记。基于此，这些国家并不存在像我国外来打工者遭遇的进城难、落户难的尴尬，而是在连续居住半年后即可进行常住人口登记。这也保证了人口和资源的流动性不会受到人为因素的较大影响。值得一提的是，上述国家或地区在某些人口迁移政策方面还颇具人性化，例如，政府不提倡通过行政手段强制或阻挠移民，而是会综合评估当事人的家庭、婚姻等情况后再做决策。

（四）户籍管理集中于以人口的统计管理的单一功能

在上述国家，户籍制度的功能相对单一，主要体现在人口管理和人口统计方面，为政府更好地掌握本国的人口规模、人口分布、人口结构以及人口增长速度等提供可靠数据，为政府进行政治、经济和社会发展方面的宏观决策提供依据。相比之下，这些国家的户籍管理制度不会反映出公民的社会分层、地位差距和人群分类，也不会对人口的自然流动和转移规模进行干预和控制，当然户籍制度也不存在与社会福利和社会治安等的联系。

二、对我国的启示

上述国家在户籍制度管理方面的诸多先行经验可以为我国进行户籍制度改革有所借鉴，具体包括以下四个方面：

（一）我国户籍制度应回归本原功能，不应体现社会层级

无论是发达国家还是发展中国家，上述户籍制度均不构成歧视性的分类或差异性的政策倾斜，而是立足于描述公民的基本状态。与之形成鲜明对比的是，我国的户籍制度根据公民的家庭状况和生活区域

进行了人为的划分，并在此基础上赋予不同公民以差异化的待遇，使户籍本身成了凸显人与人之间的差异和阶层的象征，社会歧视也由此产生。时至今日，社会各界已经就我国的户籍制度造成事实上的社会不公平现象达成共识。我国的户籍制度改革已有时日，改革的基本方向是消除农业和非农户口的差异，取而代之以城乡一体化的户籍管理制度。在这一方面，地方政府各显神通，但由于我国户籍管理制度的特殊性，这些政策的效果往往微乎其微。其根本原因在于户籍制度并未与包括社会保障等在内的实际福利待遇脱钩。这使户籍制度的改革显得“牵一发而动全身”，要么户籍制度与福利剥离；要么户籍制度改革与包括就业、社会保障、教育、医疗等配套性社会福利制度进行同步改革，否则户籍制度改革就无法落到实处，由户籍带来的“身份”问题便无法剔除；如此一来，即便是在大张旗鼓地改革户籍制度的背景下，权利分配与户口之间的关系仍然异常紧密。

（二）引进“事后转移”的人口迁移管理制度

“事前转移”是指公民在获得相关部门颁发的准迁证之前，不得从原居住地私自迁往新居住地。但发达国家或地区的经验表明，“事前转移”事实上制造了很多不必要的麻烦，人为限制了公民的自由迁徙权。相反，“事后转移”制度更具合理性，也为更多国家或地区所采用。相比之下，“事后转移”是指在实际迁移发生后的一段时间内，公民无须向户籍管理部门进行迁移登记，只有当迁移时间达到法律规定的时限后，迁移登记才成为义务。这不仅减少了人口管理方面的无谓限制，还能增加户籍登记制度的科学性。

（三）应加快相关人口管理法律建设和信息网络技术的推广

从上述国家的人口管理经验来看，从美国的“社会安全号码”制度，到日本的“户籍随人走”制度，再到法国完善的社保体系基础，均建立起比较健全的人口迁移管理、人口信息管理以及政府对人口流动的监控体系，而所有这一切又都是在与本国或本地区的人口管理制度相配套的严格法律体系下完成的，可见，健全的法律体系是实现人口有序管理的基础和制度保障。相比较，我国并没有一部权威的户籍法律法规对户籍制度改革进行指导，才使各地对户籍制度改革的理解不同，路径不一，不利于推进全局性户籍改革。另外，信息网络技术的发展为我国建立和完善居民人口档案信息提供了技术基础，应成为我国推进户籍制度改革的重要技术支撑。

（四）在户籍制度改革中应保护农民的土地财产权

上述巴西的城市化过程提醒我们，大量失去土地又缺乏就业机会的进城农民能对社会稳定与社会秩序形成巨大威胁。与巴西农村进城贫民没有土地、没有退路不同，我国的农民工有土地、有退路，因此，我国在城镇化过程中城市出现贫民窟的风险要小得多。但是，也正因为此，我国现行农村土地制度反而束缚了农业转移人口进城落户，严重阻碍了真实城镇化水平的提高。下一步改革，就是要进一步明确农村土地财产权属性，将农民的土地权利与户籍身份脱钩，在土地流转上要充分尊重农民意愿，充分发挥市场机制的作用，严格禁止强迫农民退出土地或违背市场价格及损害农民利益的行为，如表 9-1 所示。

表 9-1 国内外户籍制度的比较分析

	指导原则	功能作用	等级身份差别	管理方法	迁移管理
中国	人口管制，限制流动	记录人口信息，利益分配依据	城乡居民存在等级身份差别	主要依靠行政手段	事前审批
国外	迁徙自由，强调服务	记录人口信息	不存在等级身份差别	市场和法律手段	事后转移

资料来源：根据有关资料整理。

第十章　户籍制度改革方略：价值重构与权利回归

从上面的分析可以得出，我国户籍制度改革已累积了不少地方的典型经验，并且国外户籍管理制度也能够给我们很多启示和经验借鉴，这些国内外户籍制度改革的经验将为我国下一步深入推进户籍制度改革奠定了良好的实践基础。户籍制度改革已由地方自下而上的局部性改革进入国家层面全面推进改革的新阶段，明确未来一段时期我国户籍制度改革的价值取向、总体思路、战略重点和动力机制等，具有重要的政策意义。

第一节　户籍制度改革的价值取向：以人为本，迁徙自由，公平待遇

我国现阶段推进户籍制度改革，不是要取消户籍制度，而是要坚持以人为本、促进人的全面自由发展为根本目标，以实现人口自由迁徙、公平待遇和权益保护为价值取向，实行全国统一的常住地户口登记制度，尽快建立一种既与国际接轨又符合我国国情的、与我国社会主义市场经济体制相适应的户籍管理制度。

在现代法治社会中，公民应充分享有自由迁徙的基本人身权利。

迁徙自由已被世界上绝大多数国家和地区认可并用法律形式加以确定。但是，我国公民的自由迁徙权却被长期剥夺，《宪法》和法律一直没有放开我国公民的流动迁徙限制。这种对迁徙权利的限制是通过户籍制度来实现的，这不仅违背了公民全面自由发展的基本原则，同时也不利于社会主义市场经济的健康发展。

同时，现行户籍制度不仅限制了公民地区之间自由流动，而且在二元户籍制度上捆绑了城乡之间、地区之间不同的福利和利益，造成了公民之间利益的差别。从现代户籍制度来看，户籍的功能应该是人口统计和管理，对人口出生、死亡和人口流动等进行记录和管理，而不是将户籍身份化和利益化。未来推进我国户籍制度改革，应坚持促进公民迁徙自由、公平待遇的基本价值取向，取消户籍制度对人口迁移的限制，消除户籍对公民身份的不合理划分和区别待遇。

第二节　户籍制度改革总体思路：变“捆绑”式为“分离”式改革

当前，公民的户籍身份成为人们享受不同福利待遇的主要依据，拥有当地户籍才可以享受当地的福利待遇。当前我国各级城镇仍然将户籍与各种社会管理制度捆绑，一些城市推进户籍改革的思路仍然是继续强化户籍的工具性价值功能，继续维持户籍人口与外来人口之间的福利差别，而置广大外来人口的基本权益于不顾，推行所谓的降低入户门槛之类的“开口子”或者“放松”的户籍迁移制度改革，而没有真正触及户籍制度改革的核心问题，即如何剥离户籍与福利，如何实现人口有序进城落户，如何保护和实现转户农民的财产性权益。因此，未来户籍制度改革的核心思路是，要变“捆绑”式为“分离”式改革，即迁徙与准入分离、户口与福利分离、转户与失地分离。

一是迁徙与准入分离，变人口管理为人口服务。即要建立一种新型户籍登记迁移管理制度，实行按常住人口登记户口的制度，各级政府不再单独设立户籍准入条件，人口的流动迁徙权得到充分保障，户籍制度回归人口登记和统计等基本功能。因此，从严格意义上来说，在我国户籍制度变迁过程中，无论是计划指标落户模式还是条件准入落户模式，都是城市政府对流动人口自由迁徙权的侵犯。如果说在户籍制度建立之初计划经济时期限制人口流动具有社会稳定意义的话，那么，在当前社会主义市场经济体制已经逐步完善的条件下，在各级城市已经存在大量流动人口的背景下，现有户籍管理制度保持社会稳定的功能已大大减弱。户籍制度实质上已成为城市政府和城市居民维护其既得利益的工具，通过设置准入条件将大多数无户籍常住人口排除在社会福利和保障体系之外。下一步改革的重点就是要促使城市政府转变职能，变人口管理为人口服务，推进常住人口基本公共服务均等化。

二是户口与福利分离，变户籍准入为福利准入。即今后不是户口决定就业、教育等社会生产生活条件，社会福利保障的取得不再与户口相联系（或是说户口不是取得福利的充分必要条件），在市场经济意义上的社会福利保障体系的构建必然有其自身内在规律和制度约束，其覆盖面和保障水平可以通过相关条件和参数来控制，而不必仅以户口为判别依据。在巨大的社会竞争和生活压力下，面对城市福利准入的种种限制，部分流动人口最终会离开城市，到适合自己的地方去生活，而不会出现“福利移民”大规模涌入的情况。

三是转户与失地分离，变土地保障为土地财产。即在农民的自由迁徙和社会身份转变过程中，农民应有自由处置土地财产的权利，农民迁入城镇不带任何条件，不以失去土地等财产权利为代价。在这个过程中，既要创造条件，让农民在城镇安居乐业；又要允许农民享有对土地的权益，以此作为应对不确定性及各种风险的生存保障。

第三节　户籍制度改革的战略重点：福利去户籍化，重建符合市场经济要求的社会福利和保障体系

户籍制度改革的关键是剥离附着在户籍上的各种劳动就业、社会保障、计划生育等各种利益，恢复户籍制度统计人口信息和人口登记的本来面目。但改革的战略重点却不在户籍制度本身去福利化，而是要大力推进福利去户籍化，重建符合市场经济要求的社会福利和保障体系。社会福利和保障体系建设不是作为户籍人口制度改革的配套措施而出现的，而是关系到户籍改革成败的关键环节。目前，政府层面和学术界的户籍制度改革政策和建议高度凝固化、教条化，盲目在城市户口的准入条件上大做文章，没有从根本上找到户籍制度改革的真正突破口，一味地强调户籍去福利化，而将真正的改革重点作为配套措施来对待，提出的户籍去福利化的政策主张却始终无法形成系统的可操作性的改革方案。长期以来的户口情结依然存在，不平等的充满歧视性的二元甚至是多元户籍制度继续维持。

实施福利去户籍化，重建符合市场经济要求的社会福利和保障体系，其核心思想是城市社会福利和保障体系的构建应平等面向所有城市常住人口，城市福利和保障基础设施的规划和发展应以常住人口为依据，创造公平竞争的市场环境，消除一切不平等的歧视性福利政策。要实现公共服务的均等化，首先要求公共服务的提供不能再以户籍为依托，而必须以常住人口为依托。要建立流动人口城镇公共服务获取新机制，今后出台有关就业、义务教育、技能培训等政策措施，不要与户口性质挂钩。

因此，下一步要加强政府公共管理和公共服务职能，提高地方政府公共产品和公共服务供给能力，实现社会管理和社会福利分配按常住人口管理，促进城乡之间、地区之间、人与人之间公共服务均等化。

第四节　户籍制度改革的核心策略：实现户籍准入向福利准入的转变

目前，我国城市的户口承载了太多的社会管理和社会稳定职能，附加了太多的经济利益。其实，在当前人口大规模流动就业的背景下，户籍制度的社会稳定功能已经很微弱，计划经济时期依靠户籍管制阻止人口流动的时代已经不复存在，更多的是城市管理者对流动人口长期定居城市带来的潜在社会风险的恐惧。因此，城市政府总是试图通过设置户籍准入条件来达到控制社会风险和维护既得利益格局的双重目的。

上文已经提到，户籍制度改革的战略重点是推进福利去户籍化，重建符合市场经济要求的社会福利和保障体系。但是，这些福利和保障政策的享受并不是无条件的，而是和居住时间、就业状况、收入条件等挂钩的。因此，我们推进户籍制度改革，一个重要任务就是在推动福利去户籍化的同时，为享受社会福利和保障特别是针对低收入人群和弱势群体的纯保障项目设置一定的准入条件，实现户籍准入向福利准入的转变。特别是在当前我国地区之间、城乡之间还存在较大的福利级差的条件下，设立福利准入条件尤为必要，可以有效防止“城市病”的发生。最终，城镇福利和保障体系的取得将由传统户籍制度下的“门槛式、一次性”向“分类别、多选择”转变，由传统的“证件式”管人管事向“证明式”管人管事转变。

具体来说，福利准入条件的设置依据不同的保障项目而有所区别。教育、计生等公共服务类福利准入门槛参数可以主要以常住人口的工作或居住年限为依据，保障性住房、社会福利事业、低保等社会救济类福利准入门槛参数可以主要以常住人口的工作或居住年限以及常住人口的收入及资产状况为依据。由于大小城市提供公共服务的能力和管理成本的差距很大，各项公共服务进入门槛的设置也会有高低不同。对于城市来讲，可以根据公共服务的承载能力相应地提高或降低进入门槛。

第五节　户籍制度改革的动力机制：实施利益相关主体合作博弈、利益增进的帕累托改革行动

我国现行户籍制度自建立以来已经历了半个多世纪，户籍及其管理制度已嵌入社会生活的方方面面，并成为一项影响城乡居民福利利益最重要的社会制度之一。在户籍制度变迁过程中，城市政府、城市居民、外来人口以及企业都会从自身利益出发，以“经济人”的理性来审视户籍制度改革措施，并不断进行利益博弈。因此，推进户籍制度改革，就需要综合考量各方面的利益关系，重塑改革的动力机制。

首先，要建立和完善公共财政制度，提高地方政府的公共服务供给能力。在现实中，一些地方政府之所以不敢过于放宽户籍准入门槛，一个十分重要的理由就是在现行中央和地方财权事权不对等的条件下，地方政府承担了过多的居民公共服务供给责任。对外来人口放宽落户门槛意味着城市政府将要承担这部分新居民的公共服务职能，这将对地方财政产生巨大压力。当然也不排除有些地方政府拥有较强的公共服务供给能力，但是缺少为外来人口提供公共服务的意愿。以人均

GDP 为主要考核指标的政绩考核体系更强化了地方政府对外来人口的排斥。

其次，户籍制度改革要以不降低城乡居民既得利益水平为底线。在现行户籍制度下，多年来城乡居民一直保持着较大的福利和利益差距。城市居民享有比外来人口和农村居民更多的福利和保障，同时在当前市场化进一步推进过程中农村居民也有获得更多财产性收入的潜力。户籍制度改革的一个重要前提，就是要维护现有城乡居民的既得利益，要更多地运用增量改革原则，让广大城乡居民在户籍改革过程中找到利益均衡点，防止改革措施对城乡居民带来福利冲击和利益损失。

最后，城镇户籍（福利）准入条件的设置要更多地体现公平公正的基本要求。从户籍制度的本原功能出发，只要常住一地就可以在当地安居落户。但是，我国地方政府的户籍登记迁移制度本身及其改革方向却为外来人口落户设置了过多过高的条件。在这些准入条件中，地方政府尤其注重对外来人口学历、技能、投资等涉及个人素质和能力的筛选，而这些要求恰恰是不符合公平公正的基本要求，损害了广大外来人口的根本利益。因此，下一阶段推进户籍改革，城镇户籍（福利）准入条件的设置应坚持无歧视性原则，杜绝地方政府的地方保护主义倾向。

第十一章　户籍登记迁移制度改革：提供便捷服务，保障人口自由迁徙

第一节　总体思路

我国户籍制度改革的一个重要目标就是要实现公民享有居住和迁徙自由的权利。户籍制度改革的关键就是要寻求有效剥离户籍与福利的路径，还原户籍制度的本原功能。从人口管理的角度来看，下一步推进我国户籍登记迁移制度改革，总的思路是统一城乡户籍管理，实行公民按常住地进行户口登记，实行居民身份证制度和信息化基础上的动态管理，建立比较完善的户籍法律法规体系。如图 11-1 所示。

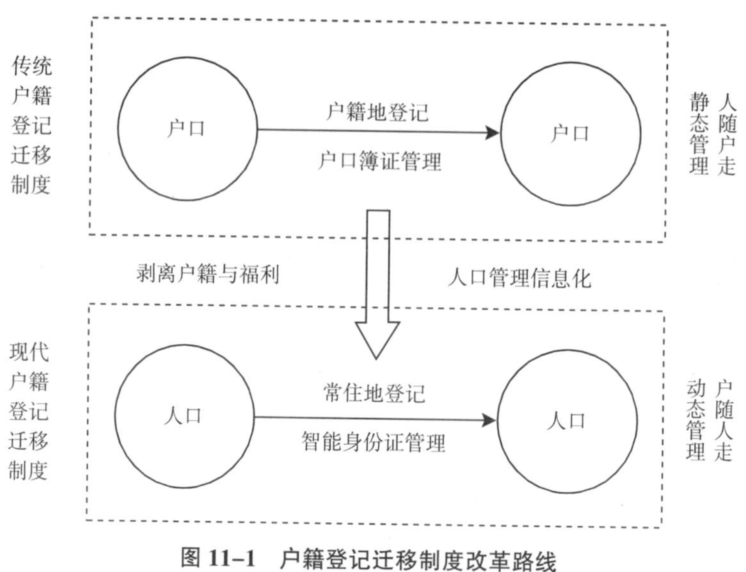

图 11-1 户籍登记迁移制度改革路线

第二节 以常住地为基础，建立城乡统一的户口登记制度

一、实行城乡一元化户籍管理

从上面的分析可以得出，二元户籍管理制度造成了人们之间事实上的不平等和不公平。因此，当前推进我国户籍制度改革，必须从根本上取消户籍的城乡二元属性，实行全国城乡统一的、无差别的、无歧视的户籍管理，恢复户籍登记、迁移、统计等本原功能，赋予城乡居民平等的身份，实现公民自由迁徙的平等权利。

二、突出实有人口管理，建立以常住地为依据的户口登记制度

目前，我们的户籍登记制度主要是以户籍地为依据。随着我国人口流动形势的发展，这种户口登记的结果同人口实际居住和职业类别相差较大。因此，下一步推进户籍改革要实行以居住地为基础的实有人口登记制度，建立以居民常住地为管理立足点的属地化的户籍管理模式，适时将城市行政管理基础从户籍人口转向所有常住人口。在新型户籍制度下，户籍登记没有农业和非农业户口的区别，只要在一地居住半年以上，并且参加了当地的社会保险或将外地的社会保险关系转移至该地，就可直接登记为当地的常住人口（区别于统计意义上的常住人口），即市民。城镇政府不再向市民发放代表居民身份的户口簿件，而是直接以是否具有当地社会保险关系来标识市民身份。

第三节　推进户籍管理从以户为中心的静态管理向以人为中心的动态管理过渡

一、完善居民身份证制度，变静态的户籍管理为动态的人口管理

居民身份证是中央政府对本国成年人颁发的以证明公民身份的法定证件，被世界各国政府普遍采用。我国自 20 世纪 90 年代以来已在全国逐步建立和完善了居民身份证制度。但是，我国的户籍管理仍然采用户口簿证制度，而没有和身份证制度有机结合起来。下一步推进我国人口管理方式的改革，关键是要完善我国的居民身份证制度，实

行公民一人一个代码，实现开放、有序、动态的户籍管理。要建立身份证同社会保险、银行储蓄、驾驶执照等社会福利和社会信用体系的关联，逐步提高身份证在全社会的有效适用范围。同时，要进一步完善户籍管理信息网络，提高户口登记、户口迁移、人口统计等方面的工作效率，最终用身份证取代属地化的户籍管理模式，和国际通行做法接轨。

二、以应用计算机技术为途径，推进人口管理信息化

当前，信息化时代大大加快了户籍管理现代化的步伐，计算机和网络技术的应用和普及促进了传统户籍管理的便利化，提高了户籍管理的效率，也为进一步推进户籍制度改革提供了技术支撑。户籍制度改革后，户籍将与居民身份证紧密关联，公民户籍信息的登记和变更将通过现代化的信息手段来实现，并最终建立全国统一的人口信息管理体系。该体系将充分整合人口信息平台、智能式身份证、社会信用体系等资源，户籍制度本身也将会由过去单纯的管理手段向服务为主、管理为辅的手段转变。

第四节　加快户籍管理立法步伐，完善法律法规制度

（一）制定《户籍管理法》，规范户籍管理

户籍管理涉及社会秩序稳定和社会关系调整，是一项政策规范性很强的工作，需要有相关法律法规的支撑。目前，为了吸引人才和资金，一些地方政府出台了以吸引人才和投资为主要目的的落户政策。但是，国家层面一直以来缺乏户籍改革的规范性文件，仅有的几个指导性意见也缺乏实践可操作性，各地的户籍改革实践一直处于无法可

依的状态，有些政策甚至与现有的法律法规相抵触。

因此，当务之急是要制定一部与社会主义市场经济体制相协调的《户籍法》，为户籍制度改革顺利推进保驾护航。新的《户籍法》要加强对公民居住、迁徙和平等权利的保护，规范户籍管理行为目标，主要涉及人口的数量变动，包括自然变动（出生、死亡）、迁移变动和社会变动、户籍登记、居民身份证管理、人口调查与统计以及其他各类人口管理，等等。

（二）修改和完善相关的法律法规

户籍制度改革与城市福利制度改革紧密相连，甚至在某种程度上可以说推进城市福利制度改革是户籍制度改革的最重要内容之一。其中，关键就是要将附加在户籍之上的各种福利和保障政策剥离出来，实现社会福利分配不再以户籍为主要依据，社会管理不再以户籍为主要政策手段。完成这些转变就需要调整和改革现有的各项社会领域的法律法规，只有这样才能从根本上有效剥离户籍与福利。

一是要调整完善《义务教育法》《社会保障法》，以法律的形式保障城乡居民平等享受社会福利保障和接受义务教育的权利；二是修改《劳动法》《土地法》，保障各类群体平等的劳动就业权和农民的土地财产权，逐步解决农业转移人口市民化过程中的土地问题；三是修改完善《选举法》，不仅要保障外来人口的选举和被选举权，更要依法保障农民群体的代表数量；四是要逐步清理中央和地方上不利于公民迁移自由、平等享有权利的法律法规和政策，为我国户籍制度的改革和社会主义市场经济的顺利进行提供强有力的法律保障。

第五节　户籍制度改革需要相关部门互相配合，共同推进

户籍制度改革是一项系统工程，涉及面广，整体性强，烦琐复杂，需要公安、教育、社会保障、医疗卫生等各方面相关部门之间密切配合，共同推进。以往的户籍改革主要是由公安部门来实施，成效不大；未来推进户籍制度改革，要在坚持中央统一领导下，依靠各相关部门的力量，由公安部门、发改部门、教育部门、农业部门、劳动保障部门、自然资源部门以及卫生健康部门、司法部门、住房和城乡建设部门、交通部门、财政部门、民政部门等互相配合来大力推进。

目前，我国不同区域的社会经济发展状况差异大，各地存在较大的福利级差，特别是北京、上海等特大城市还面临较大的人口净流入压力，因此，推进户籍制度改革要在中央的统一部署下，不仅要多部门协同配合，同时还要给予地方政府一定的户籍制度改革的自主权，以更好地结合地方实际推进工作。

第十二章　城市福利和保障体系改革：推进常住人口社会管理多元化、公共服务均等化

第一节　总体思路

户籍制度改革的关键在于把原来附着在户籍上的各种利益，如劳动就业、社会保障、教育等与户籍剥离开来，还原户籍制度原本单纯具有的人口统计、人口登记功能。推进户籍制度改革，首先要求各种相关的配套措施改革要跟上。因此，要适应户籍制度改革的需要，重构城镇福利和保障体系，变传统的户籍与福利大捆绑的“福利包”为推进单项福利制度改革的“福利链”，要将城镇社会管理和公共服务由户籍人口为主向常住人口拓展，实现常住人口社会管理多元化、公共服务均等化，并建立适度普惠型的社会福利体系。如图 12–1、图 12–2 和图 12–3 所示。

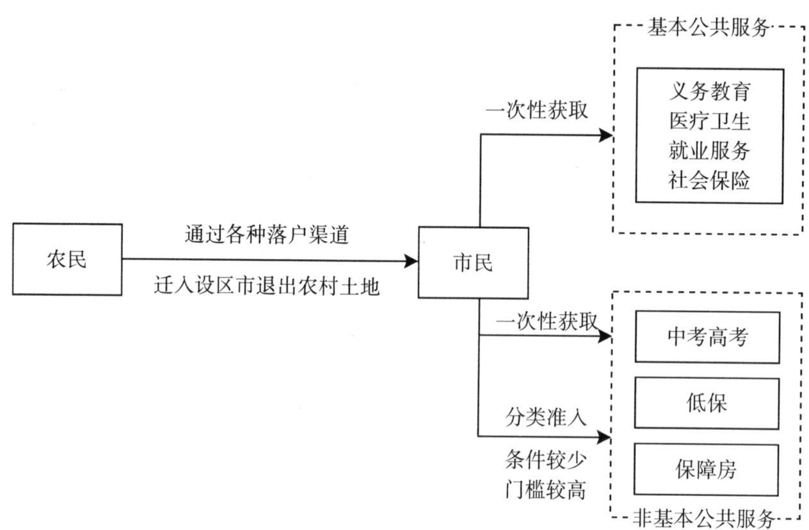

图 12–1　传统户籍制度下农民落户城镇机制

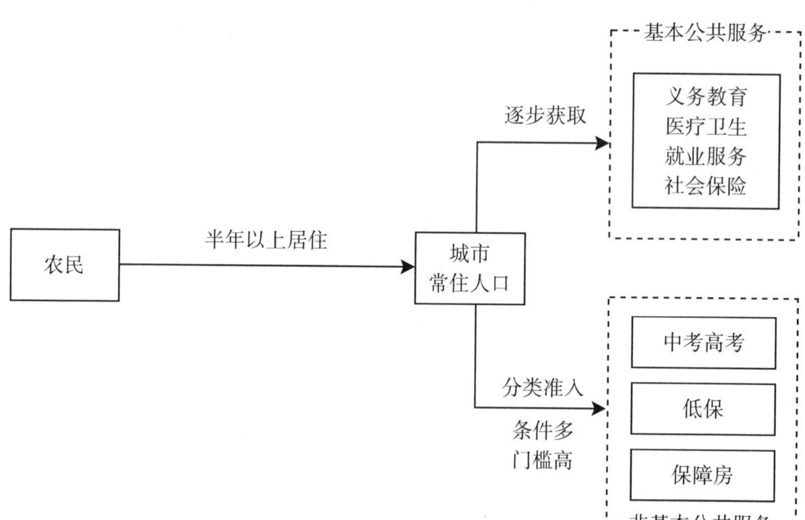

图 12–2　新型户籍制度下农民落户城镇机制

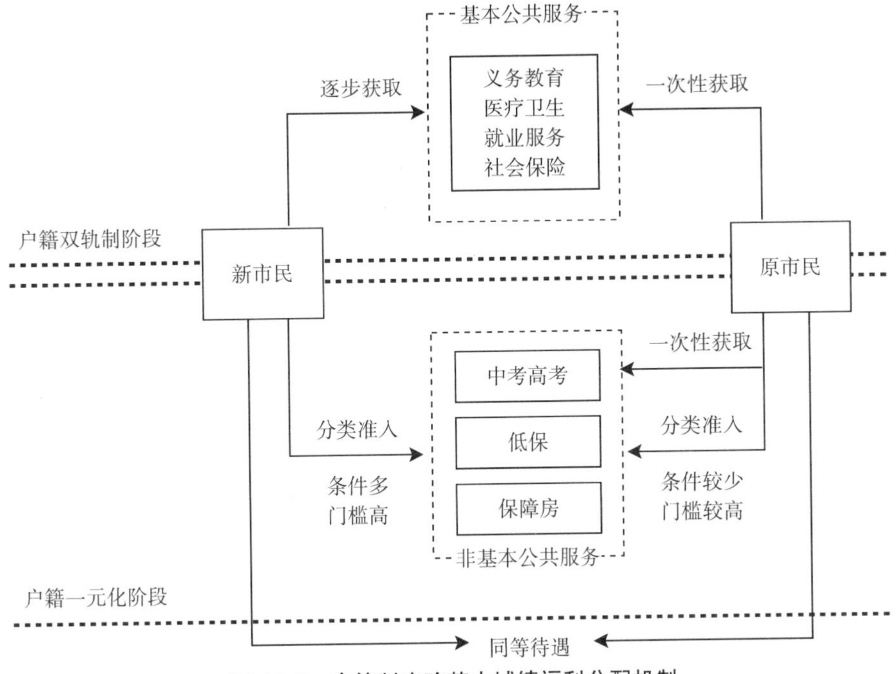

图 12-3 户籍制度改革中城镇福利分配机制

第二节 推进城乡之间、区域之间基本公共服务均等化

一、教育

改革开放以来，城镇外来人口为城市的建设和发展做出了不可磨灭的贡献，为长期在城镇工作和生活的外来人口随迁子女提供基本教育的需求是正当的、合理的，也是符合人道精神的。但是，目前我国外来人口随迁子女教育政策所涉及的不是单一的教育领域问题，它既涉及户籍制度、高考制度和中央地方的财政体制，也牵涉诸多相关主体的利益关系，需要统筹考虑。

第一，探索建立“就地入学”的管理服务机制，为外来人口子女提供良好的基础教育服务。各地应继续深入贯彻落实中央有关流动人口子女教育的“两为主”政策，继续将所有常住人口子女教育纳入教育事业发展规划和财政经费保障范围。要以公办学校为主接受外来人口子女入学，充分保障外来人口子女的公平受教育权益。对经济困难学生要出台相应的教育资助救助办法，实施入学关爱行动。

第二，建立合理的外来人口子女义务教育成本分担机制。一方面，无论是从义务教育的公共产品性质还是从各级政府的财力分配状况来看，中央政府都理应承担义务教育财政投入的主要责任。因此，应进一步明确中央对义务教育尤其是外来人口子女义务教育财政投入责任，实行外来人口子女教育以中央承担为主的体制。另一方面，也应在制度上强化流入地政府对外来人口子女入学的支持。省级政府应对本身经济薄弱地区给予适当的专项转移支付。具体来说，建议实行“生均拨款制度”，不分城乡、区域，公办学校或民办学校，均按照其接纳外来人口子女的学生数量拨付相应的教育经费。也可实行“教育券”的方式，将政府财政预算内义务教育经费直接分配给学生，外来人口子女可以凭券就近入学。

第三，要重点解决外来人口随迁子女异地中考、高考问题。[①] 建立全国联网的中小学学籍管理信息系统网络，全面掌握各地学生流入流出情况。在一些大城市和特大城市，可以通过更合理的替代性管理手段，如学籍年限和居住年限来控制和逐步放开。同时，在现有高考招生制度难以有重大突破的前提下，应给予大学一定的招生自主权，允许大学按比例面向全国招生。全国重点大学，可实行“统一测试+自主招生”的模式。允许随迁子女在输入地高考，可以解决外来人口的后

---

① 和国内不同，无论是英美等西方国家还是日本亚洲国家，都没有高考地域限制，录取分数线也不会因为考生的所在地不同而有所变化。同时，高考分数也不是衡量能否被大学录取的唯一指标，考生特长、教师推荐信都是重要标准。

顾之忧，安心工作。

第四，推进教育资源向中小城市和农村倾斜。当中小城市户籍制度逐步放开后，迁往这类城市的人口会大量增加，生源规模扩大，对中小城市的教育资源提出考验。因此，应该给这种中小城市增加教育资金投入、扩充师资力量，提高其教育承载力。同时，农村教育也不能放松，增加农村教育经费，提高农村师资水平，鼓励高校毕业生到农村学校教书，使农村教育水平得到大幅提升。

二、社会保障

迄今为止，我国的就业和社会保障政策仍然维持城乡二元特征，与传统的户籍制度紧密结合在一起。如何将这些附着在户口上的福利和保障剥离出来，是户籍制度改革的目标和关键所在。另外，要以保障外来人口社会保险权益为重点，以促进外来人口融入城市为目标，逐步提高社会保障的城乡、区域统筹水平和社会化程度，为所有常住人口制定和完善各项社会保障政策和措施，为外来人口提供与本地户籍人口平等的公共服务。

第一，扩大养老保险覆盖范围。一是将在城镇就业的外来人口中的个体经营者和灵活就业的人员纳入城镇企业职工基本养老保险范围，他们凭借个人就业状况证明，可以自愿选择参加，按规定缴费和享受保险待遇。二是要选择合适的时机，将新农保与城镇职工基本养老保险进行对接，解决外来人口在城镇和农村双重参保的权益累加问题。三是要加大财政对基本养老保险的投入力度，降低低收入人群缴费水平。尽快实行全国范围内基本养老保险统筹管理，明确各级政府、用人单位和缴费个人的权利和义务，进一步增加政府财政投入，降低单位缴费水平，减轻企业负担，促使更多的外来人口参保缴费。四是要进一步完善养老保险关系转移接续制度，对现有政策实施情况及时进行检查评估，解决实施过程中存在的问题。

第二，进一步完善工伤保险政策，研究解决灵活就业人员参加工伤保险的办法。当前，我国的工伤保险政策还未有效覆盖大部分城镇外来就业人员，外来人员工伤事故高发频发，工伤待遇普遍落实难，成为影响外来人口合法权益的突出问题。下一步改革，建议进一步扩大工伤保险的覆盖面，对不依法参保和非法经营的企业要依法进行处理；对职工工伤事故，可由工伤保险基金先行赔付给受害者，再由经办机构依法向责任单位或个人进行追偿，确保外来人口的合法保险权益。要研究家政服务行业等灵活就业人员参加工伤保险的办法，进一步扩大工伤保险覆盖面。

第三，加强制度建设，完善失业、医疗等保险政策。应逐步完成外来人口和城镇职工失业保险政策的并轨，外来人口参照城镇职工标准参保缴费，并享受保险待遇。要进一步做好失业保险的异地转移和与其他保险的衔接工作。完善失业保险的资金筹措办法，制定优惠政策鼓励企业参与和支持失业保险的扩面工作。医疗保险方面，当前要将医保关系的跨省转移和异地就医工作作为工作重点，认真做好医保关系的异地转移接续的管理服务，研究确定缴费年限和折算办法，简化和规范手续，实现数据共享，方便快捷。

第四，积极推进社会保障信息系统建设。在“金保工程”和“一卡通”等社会保障电子政务工程基础上，在全国范围内加快建立统一的社会保障信息系统和管理平台。一是要建立全国社会保险数据库系统，设立中央数据库，由人力资源和社会保障部管理，实行全国统一的缴费记录和格式、数据标准、应用系统。制作全国统一格式的社会保障IC卡，以居民个人身份证号码为唯一代码，可以跨地区使用。二是要建立和完善全国社保经办网络，网络终端系统覆盖省级以下各级经办机构，省级网络对接中央数据库，各地所有职工社会保险信息实现数据共享。三是要进一步明确各级社会保险经办机构的职能定位，各类人口的参保和社会保险关系转移实现电子化业务模式，提高工作效率。

第五，完善各类社会保险资金的筹措机制。在原有企业和个人出资的基础上，积极探索其他的资金筹措途径，如增加政府财政拨款、发行社会保障福利彩票，开征社会保障税，社会捐资、集资，同时，也可以进一步改善社会保障基金管理，实现基金的保值增值等。

三、就业

推动城镇就业制度改革，促进外来人口和户籍居民享受同等的就业权益是未来一段时期推进我国户籍制度改革的重要内容，同时也是进一步完善社会主义市场经济体制的内在要求。因此，各地政府要尽快采取措施，改革就业政策，建立城乡统筹的就业模式。

第一，对外来人口实行公平就业准入。这是城乡平等就业制度的前提。建立平等的就业制度要求各级政府在制定就业政策时应保证全体劳动者享有公平就业机会，要抓紧清理一切不利于劳动者公平就业的歧视性政策。劳动者就业机会的取得不再与户籍属性相挂钩，所有企事业单位应面向社会组织公开招聘，并择优录用。

第二，加强对外来人口的就业服务。各级政府要逐步建立城乡平等的就业服务体系，高度重视农村劳动力转移就业工作。要加强各级劳动力服务平台基础设施建设，建立劳动力市场网络，服务城乡所有用人单位和劳动者，并为劳动者提供统一的就业服务，包括劳动者求职登记、职业介绍和指导以及咨询查询等服务，促进城乡劳动者平等就业。

第三，加强对外来人口的劳动权益保障。一是进一步普及劳动合同制度。所有用人单位要深入贯彻落实《劳动合同法》，保障劳动者的合法权益。从户籍制度改革的角度来看，应重点保障外来人口和本地户籍人口平等的就业权益。二是用人单位要保障职工享有良好的工作和居住环境；政府也要将外来人口纳入城镇住房保障范围。三是加大劳动监察力度，有效维护和保障外来人口的合法权益。

第四，加强对外来人口的就业培训服务。各级政府部门要将外来人口培训工作纳入就业服务的重要内容，使外来人口能享有同户籍人口同等的培训待遇。要加大对外来人口培训工作的投入力度，制定优惠政策积极鼓励和引导社会力量提供就业培训，形成政府主导、多方参与的外来人口就业培训格局。培训内容要综合考量市场需求和劳动者自身素质，努力提高培训的质量和效果。

四、住房

农村人口向城市转移是城镇化的核心，而外来人口进城后的定居问题又是核心中的核心。因此，为了加快推进城镇化，促进外来人口融入城市，应积极推进城镇住房制度改革，打破原有住房制度对外来人口的限制，不断改善外来人口的居住环境和质量。

第一，应给予外来人口同城镇居民同等的住房政策待遇。重点要保障在城市稳定就业和居住一定年限的外来人口平等住房政策待遇。外来人口可以购买商品房，并享受当地首次置业的优惠政策。用人单位为外来人口缴纳住房公积金，外来人口购房可以使用公积金贷款。

第二，将外来人口纳入城镇住房保障体系。各级政府应将符合条件的外来人口纳入住房保障规划，增加保障性住房财政投入。中央政府要加大对外来人口较多地区以及中西部经济欠发达地区保障性住房的支持力度。要重视解决保障性住房的用地需求，培育外来人口住房的多元化供给主体。

第三，鼓励和支持用工单位为外来人口提供集体宿舍。国家有关部门应制定集体宿舍的规范标准，保证住房基本的生活条件和环境质量。在符合规划的前提下，政府应进一步加大对企业自建员工集体宿舍的土地、财税等政策支持力度，如相关行政规费和增值税、房产税以及企业所得税要予以减免，鼓励企业为外来人口解决住宿问题。

第四，建立和完善购房和租房合同制度。要尽快出台有关政策法规，规范和完善居民购房、租房、借房等制度，使相关住房行为做到有据可依，也可为下一步深化户籍制度改革提供依据。同时，具有法律效力的住房合同也有利于保护业主和租赁者合法权益。

第五，改革城市规划和管理体系。从城镇规划的角度来看，外来人口住房问题应纳入城市建设和发展规划，充分考虑外来人口的住房需求。要按照城市人口发展的实际趋势和城市空间发展趋势，科学合理地规划外来人口的居住用地，并尽可能地实现外来人口在城市中的均衡分布。

第三节　科学设置福利门槛，促进人口合理有序流动

一、设置必要的福利准入门槛

目前在我国地区之间、城市之间还存在较大福利级差的条件下，我们在推进户籍制度改革、取消人口迁徙户籍控制的同时，还应通过分类设置一定的福利准入条件，使那些在城市长期居住生活、已有稳定生活来源的流动人口有条件享受城市福利保障，引导农村人口向城市的有序流动，减少流动人口对大城市的冲击，从而达到稳定社会秩序的目的。从传统的“门槛式、一次性”户籍准入到现在的“分类别、多选择”福利准入，真正将户籍与福利剥离开来，人们享受福利与否将不再与户籍属性相挂钩，而是代之以其他无歧视性的社会经济条件。

要根据各级城镇规模以及公共服务供给能力的不同科学地制定福利门槛标准，促进人口合理流动。不同规模的城镇、不同福利项目的准入条件也不尽相同，使符合条件的农民工获得在城镇落户的机会，

与当地户籍人口享受同等的权益。

从城镇规模来看，城镇规模越大，则综合福利门槛越高；反之则越低，成正比关系。但是，福利门槛的设置并不是越高越好，过高的福利准入条件将使外来人口远离城市，从而达不到城市聚集资金和人才的目的，因此，这就需要适当调整福利门槛，满足城市发展对资金和人才的需求。反之，城市的福利准入门槛也不能设置得过低，否则就会吸引大量的外来人口涌入，并且可能会产生一些严重的社会问题，因此，此时就应适当提高城市的福利准入门槛条件（如图 12-4 所示）。

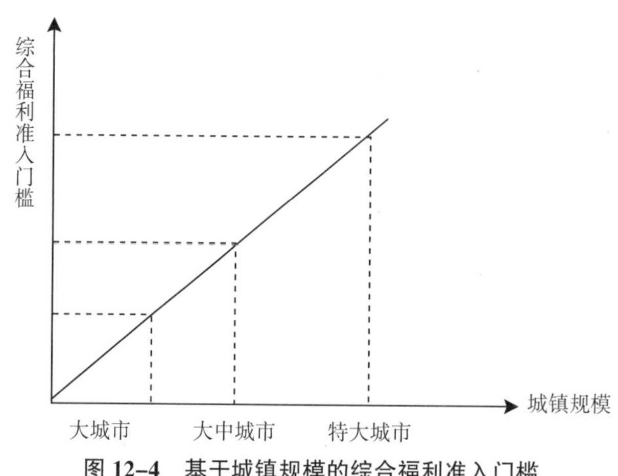

图 12-4 基于城镇规模的综合福利准入门槛

从各级城镇就业、教育、住房等单项公共服务供给能力来看，城镇单项公共服务供给能力越强，则单项福利门槛越低；反之则越高，成反比关系。如果一个城市单项公共服务供给能满足常住人口的基本需求并能随常住人口的增长而增长，那么这个城市的单项福利门槛就会较低；反之亦然。如目前我国已经有不少省份出台了异地高考方案，放开了高考的户籍限制，外来人口的子女可以和本地户籍子女一样享有参加高考的权利；而北京、上海等特大城市异地高考方案对外地人口子女参加高考设置了相当高的条件，不仅是学籍年限限制，可能还会有针对家长本人的限制条件（如图 12-5 所示）。

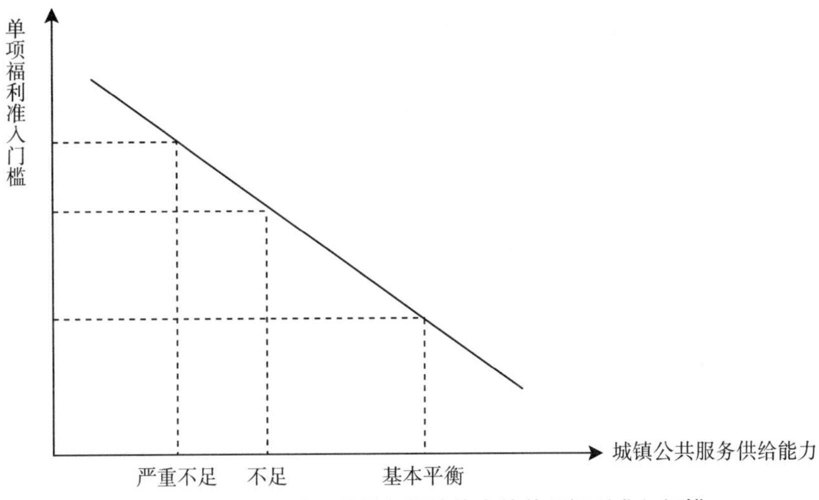

图 12-5　基于城镇公共服务供给能力的单项福利准入门槛

二、教育准入门槛

目前，全国城镇中农民工随迁子女有 1400 多万人，占城镇儿童的 1/8，在一些外来人口较多的特大城市，流动儿童的比例更高，上海达到了 1/3。其中，有 1100 万人是处于义务教育阶段的适龄儿童，怎样使这部分儿童和城镇儿童享受到平等的义务教育权，关乎社会和谐和教育公平。

但是，同时也应看到，我国城乡二元教育体制由来已久，长期以来，各级城镇的教育基础设施和服务体系都是以城镇户籍人口为依据的。对于大多数城镇来说，短时期内城镇的基本教育服务特别是公办教育体系还难以覆盖所有常住人口。因此，各级城镇在逐步扩大教育投入、扩大义务教育办学规模的同时，也有必要对外来人口子女入学设置一定的准入门槛，有效控制新增学生数量，使城镇义务教育学生总数与办学规模相适应。只有这样，才能维持正常的教学秩序，保证一定的教学质量和水平。

在现实中，我国各级城镇的教育供给能力也有所差别。一般来说，流动人口越多的城市，其相对教育供求矛盾越突出，特别是北京、上海、广东等一些外来人口较多的地区，流动人口子女入学的压力就尤为明显。而中西部等流动人口较少甚至户籍人口多于常住人口的地区，城镇教育供给能力还有相当大的潜力。因此，我们在设置外来人口子女教育准入门槛时，要坚持分类原则，针对各级城镇教育供给能力而有所区别（如图 12–6 所示）。

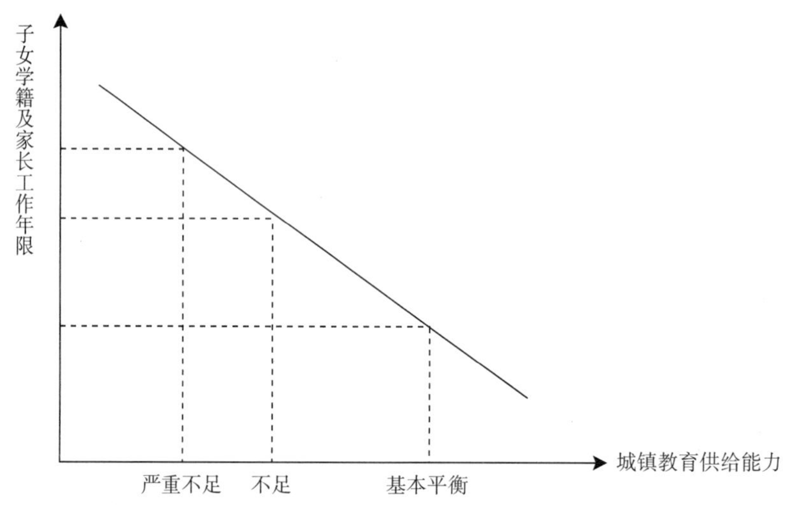

图 12–6　基于城镇教育供给能力的外来人口子女教育准入门槛

对城镇教育供给能力严重不足的城市，可以将准入条件设定为外来人口子女在流入地的学籍年限以及家长在流入地的工作年限要求。这两个年限要求的设定可根据本地教育供给能力来测算，初始时，可以规定较高的年限要求，以控制新增学生数量；之后每过一段时期，可以随着城镇教育供给能力的增长而放宽年限要求，并最终达到一个较低的值，促进常住人口享有均等化的受教育机会。

对城镇教育供给能力不足和基本平衡的城市，可以将准入条件只设定为外来人口子女在流入地的学籍年限，而对家长在流入地的工作年限则不做要求。学籍年限要求可以设定为较短的期限，并最终随着城镇教育供给能力的提高，以及可能伴随的学龄儿童的负增长，对外来人口子女的学籍年限不做要求，真正实现无障碍、无限制异地转学、异地中考高考。

三、低保准入门槛

目前，外来人口在促进各级城镇经济发展方面起了巨大的作用，特别是广大外来人口群体为城镇的建设和发展做出了不可磨灭的贡献。但是，由于多数外来人口从事的是收入较低且极不稳定的非正规行业，部分外来人口可能会存在绝对收入显著降低甚至失业风险。因此，城镇最低生活保障制度理应将这部分人口覆盖在内，给他们提供基本的生活保障。

但是，城镇最低生活保障作为一项社会救济类公共服务，在当前各地低保标准存在较大差距的情况下，要坚决防止“福利移民”的出现。解决办法就是要为获取低保设置一定的准入条件，并出台低收入家庭收入、财产认定和核查办法，建立退出机制，避免不该保障的人得到保障。准入条件可以考虑设置为考察低收入家庭已累积的正式工作年限以及家庭收入和资产状况。

城镇低保保障能力在各级规模城市之间有所不同。北京、上海等特大城市因其财力较强，低保待遇水平也相应较高，而中西部城市则相对较低。一般来说，城市规模越小，低保待遇水平越低，成正比关系。因此，对于特大城市而言，因其外来人口较多，虽然其他低保待遇水平较高，但也要设置较高的低保门槛，要求申请者达到更多的流入地工作年限，更少的家庭收入及资产，防止财力供养过多的低收入人群，造成财政负担；城市低保水平较低的地区，低保准入门槛相对也较低，特别是对流入地工作年限的要求相对较少。总之，城市的低保准入门槛、待遇水平和保障规模的确定要和地方政府的财力相适应（如图 12-7 所示）。

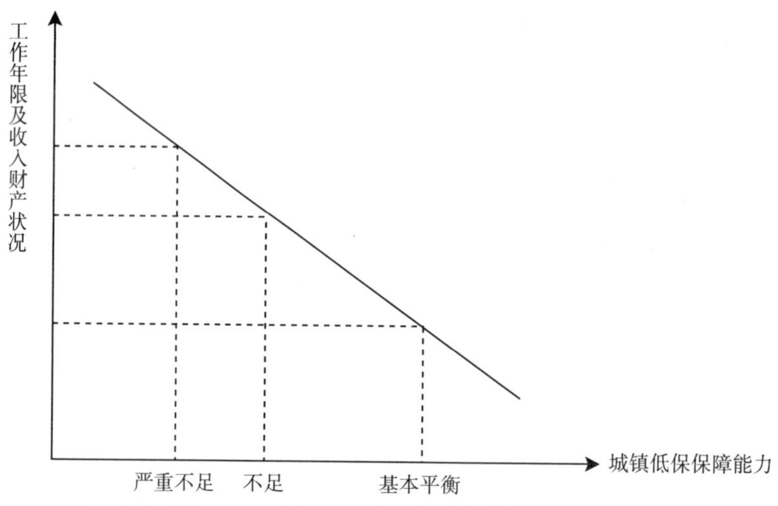

图 12-7 基于城镇低保保障能力的外来人口城镇低保准入门槛

四、保障性住房准入门槛

目前，我国城镇住房保障体系主要是以低收入群体为保障对象，保障房类型主要有廉租房、经济适用房以及公共租赁房等形式。从大多数地方政府的保障房政策来看，各类保障房的申请条件一般只限于本地户籍居民，而没有本地户籍的广大外来人口则基本没有被政府纳入保障对象。

当前，城镇各类保障性住房应逐步取消申请的户籍限制，稳步放宽准入条件，将常住流入地的外来务工人员纳入保障性住房覆盖范围。但是，与低保制度一样，作为一项社会救济类公共服务，保障性住房应同时考察申请者的流入地工作年限和家庭收入及资产状况。外来人口多的大城市保障性住房的准入门槛应相对较高，甚至在一定程度上可以借鉴北京市保障性住房的排队摇号政策，从而以减轻城市保障性住房建设的压力。

重庆的公租房政策也可以有所借鉴。重庆公共租赁房不限户籍，外来人口也可享受，这将大大缓解外来人口住房压力，也有利于促进城市房价平稳。同时，在保障性住房建设过程中，应考虑到工业园区、大型企业园附近甚至是企业内针对企业用工人员建设保障性住房，以解决新生劳动力的住房困难问题（如图 12–8 所示）。

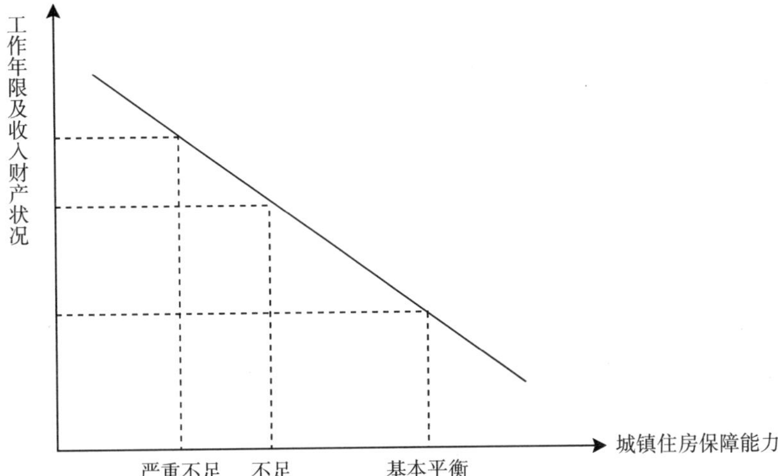

图 12–8　基于城镇住房保障能力的外来人口保障性住房准入门槛

第十三章　农村土地管理制度改革：推进农民土地财产权利的保护和实现

第一节　总体思路

在推进城镇化和户籍制度改革过程中，农民变市民的一个关键问题就是如何处理转户农民的农村土地，如何保障农民的土地财产权益。当前，加快推进农业转移人口市民化进程，要给予转户农民充分而自由的选择权。农民成为城镇的常住人口并满足一定的经济条件后，可以根据其意愿决定是否进行农村的土地流转。这种土地流转机制既可以是完全市场化的方式，也可以通过政府的赎买政策。

总的来说，应按照“有偿、渐进、分类”原则，经济发达和靠近城市地区的进城落户农民工可通过市场流转机制退出承包土地和宅基地，允许经过一定期限过渡，彻底完成由农民向市民的转变。大多数边远和经济落后的农村地区，可探索进城落户农民工交出土地，国家给予补偿，避免产生城市流民阶层。当国家补偿后，进城农民原承包土地和宅基地应归还农村集体或农村社区，解决农村人多地少的内生性发展问题（如图 13-1 所示）。

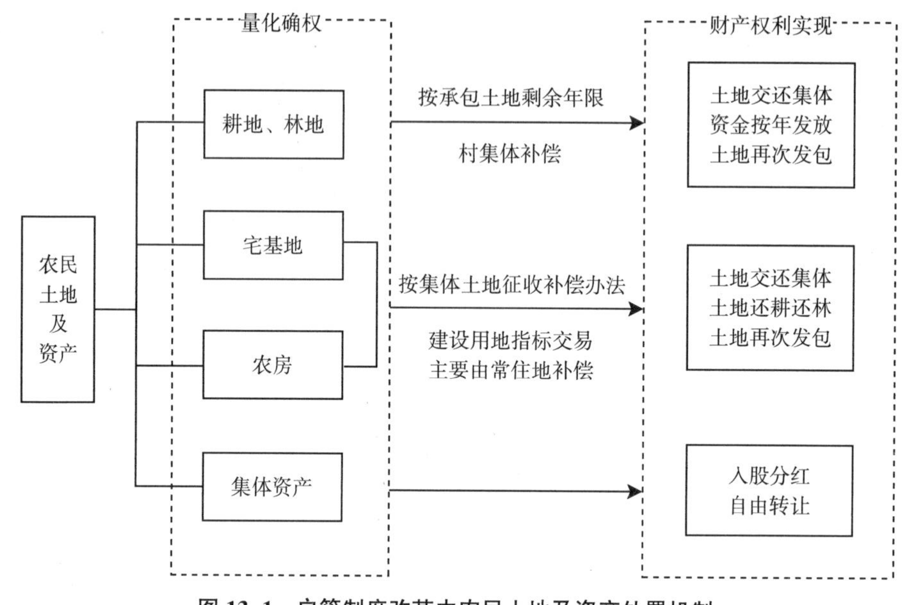

图 13-1 户籍制度改革中农民土地及资产处置机制

第二节 稳步推进农村产权制度改革，根本解决土地产权不明晰和所有权主体虚置问题

一、进一步明确农村集体土地的所有权主体

目前，我国农村土地实行的是集体所有的形式，但是，农村集体概念的界定在理论和实践中都存在很多不清晰的地方。村集体既有可能指的是村委会，也有可能指的是集体经济组织，还有可能指的是更小单元的村民小组。因此，在现行农村集体所有制下，真正具有法人资格的所有权主体很难明确界定。我们认为，当前推进与户籍紧密相关的农村土地制度改革，大多数农村可以将行政村的全体农民界定为集体土地所有权主体，而代表村民行使所有权权能的村委会就是法人

主体。只有这样，才能在一定程度上扩大集体土地法人主体的土地规模，进一步明晰产权关系和土地权能，为下一步在推进城镇化和户籍制度改革过程中依法保障农民土地权益奠定基础。

二、赋予农民具有物权性质的土地产权

赋予农民具有物权性质的土地产权是保护其土地财产和获得财产性收入的基础条件。实行一元化的户籍制度，必须明确农村土地产权主体的权利和义务，厘清所有权主体和行政主体之间的职能边界。继续出台强化土地关系稳定的政策，稳定农户的基本预期，保持土地政策的持续性和一贯性。要尽快完成农村土地的确权颁证工作，将土地使用权和地产所有权明确量化到每个农户。《物权法》和《农村土地承包法》应赋予农村土地承包经营权更多的权能，允许在法律许可的范围内进行抵押、转让，实现农村土地资源在用途管制条件下的自由流转和合理配置。

第三节　建立土地及农村资产退出机制，鼓励户籍迁移人口将农村资源资本化

一、承包地及林地

当农业转移人口完全转移到城市放弃农村承包地和林地时，必须给予补偿。这种补偿是在产权让渡基础上的一种对资产权利的保护，对于人口迁移具有两方面的积极作用。一是可以激励农业转移人口转让土地资源，二是可以在一定程度上补偿其城镇化移民安置成本的补偿。

在抓好农村土地实测、确权颁证后，下一步要特别重视促进农村土地资源向土地资本的转变。要深入研究和制定农村产权流转的配套政策，将农户的土地承包经营权进行更多的细化，赋予农民土地抵押权、继承权、租赁权以及部分土地发展权，探讨农村承包地进行抵押、继承的办法。建立农村产权交易中心，形成土地权利交易市场，促进农村土地承包经营权、农村集体经济组织股权、农村房屋所有权等农村产权流转。探索农村产权流转的新路径、新办法，逐步建立流转市场体系，加快实现土地资本化、居住城镇化、收入多元化。

适应城镇化和农业转移人口实现农村财产权利的需要，要建立和完善进城落户农民农村承包地和林地的退出机制。农村土地经过明确所有权主体、确立用益物权之后，农业转移人口凭借常住地城镇的若干年度连续缴纳社会保险证明或农村社保关系迁入常住地证明，可以有偿将家庭承包地和林地交还给村集体经济组织。在国家没有进一步明确土地承包期限的条件下，应当以承包地和林地的剩余承包年限为依据进行补偿。具体补偿办法要参照当地同类土地出租转让办法，形成市场化土地交易价格。为促进农业转移人口稳定有序“离土进城”，可以将退地资金分年度返还。作为土地所有权主体，农村集体取得土地后，不再进行集体内部土地再次发包工作，而是将土地出租，集体经济组织成员享有优先承租权，集体之外其他组织和个人也可以承租。出租所得收益纳入村集体收益，形成集体经济组织成员共享的集体资产。

农业转移人口土地退出制度的设置，一方面是社会经济发展的结果，另一方面则是为了更好地维持农村集体所有制和现代农业实施规模化经营的要求。首先，工业化城镇化的发展为部分农户提供了非农就业岗位，为部分农户退出农业生产经营创造了条件。其次，只有部分农户退出土地经营才能真正克服目前我国农户家庭经营规模逐步变小的弊端，也才有可能扩大农业经营规模和农村资源人均占有量，走出小农生产的窠臼。

二、宅基地及房屋

户籍制度改革后，为适应一部分农业转移人口退出农村宅基地及住房、实现农村财产权利的要求，应针对在城镇有稳定居所和稳定工作的城镇常住人口建立农村宅基地和住房退出机制。农业转移人口申请退出宅基地和所属住房，应凭借城镇常住地房产证明或承租住房证明、连续若干年缴纳社会保险的证明等，向其原籍农村集体经济组织申请退出宅基地。

宅基地和所属住房的退出机制应参照集体土地征收补偿办法。对农民宅基地和所属房屋的征地补偿安置不再按照农民或集体经济组织成员的身份进行，而是按照农村产权制度改革的成果即农村产权确权颁证成果对农民的物权或财产权进行征地补偿。占用农民土地使用权的对农民失去的土地使用权进行补偿，对宅基地上房屋补偿要参照城镇房屋拆迁补偿办法。征地补偿费也要进行调整和改革，应按照征地片区的的综合补偿价进行补偿，而不是原来实行的相对较低的土地补偿费以及安置补助。征地补偿金不再支付给农村集体经济组织，而是直接支付给失去土地承包权的农户。腾退后的宅基地将由原集体经济组织复垦为耕地或林地，土地属性由建设用地变更为农用地。土地出租给本集体经济组织成员或其他单位和个人，出租收益纳入村集体经济。

农业转移人口农村宅基地及其所属住房退出的补偿金，主要应来自政府征收宅基地所占建设用地指标转让收入。应按照“地随人走”[①]的方式，将城镇使用建设用地的规模同户籍人口增加的规模相挂钩。转户农民凭借当地政府签发的建设用地指标确认书和宅基地复垦证明

---

① “地随人走”，即人口迁移到哪里，这些人口所占用的建设用地面积就增加到哪里；人口从哪里迁出，哪里就相应要减少这些人所占用的建设用地面积。

书，到常住地领取宅基地和所属住房的补偿金。常住地城镇“增人增地”，相应提高建设用地指标额。

迁入县外城镇居住并登记为常住人口的，补偿资金主要应由迁入地政府负担，同时建议中央政府给予中西部城市外来人口市民化专项补贴。迁入县域内城镇居住的，可以考虑用以物易物的方式让农民用其宅基地换购城镇住房。可以将促进农业转移人口市民化与加快农村土地流转相结合，有效盘活农村宝贵的建设用地资源，有效保护和实现农民的土地及房屋财产权利。当然更鼓励采取更加市场化的手段，用直接的货币补偿方式补偿给土地退出农民。

三、农村集体经济组织及集体资产

实行一元制的户籍制度，农民不再是身份的象征，而是一种从事农业生产的职业称谓。对适应新型户籍管理制度传统的农村集体经济组织也要进行改造。以村为单位，由村民自主决定土地物权化起始年份，以此年份确定各村享有成员权资格人口，作为村土地和资产分配人口，明确只有这个时点以前的人口享有土地及集体资产的分配、转让、继承权，以后增加的人员不再作为成员。推进农村集体资产管理体制创新，要准确统计集体资产现值，清晰界定集体成员身份，将集体所属经营性资产折股量化，并在集体成员之间进行股份的分配。在此基础上，要将农村集体组织的经济职能进行有效剥离，同时加强其集体土地所有权主体和村民自治组织的功能。

通过建立新型的农村集体经济组织，农村集体资产全部量化，并按照现有人员数量进行量化和固化、变成股份，农民持股进城，按股分红，股权可以流转，从注重成员权向注重财产权转变。这种做法可以将农业转移人口的经济身份和社会身份进行有效分离，有利于转户农民脱离原有的集体经济组织关系，使转户农民更好地融入城市和移居城市。

第四节　严禁将户口迁移与土地挂钩，农民户籍迁移要依法保障耕地、林地及宅基地的财产权利

在依托常住人口管理的新型户籍制度下，农业转移人口只要在当地居住半年以上，且参加了当地的社会保险，就应将户籍登记地由原籍转迁入常住地，以适应其职业和居住地变化。而目前我国《农村土地承包法》规定的农民户口迁入社区以上的城镇必须交回农村土地的规定则有失公平，没有有效保护和实现农民的财产权利，也与户籍制度改革的精神有冲突，亟待修改。

当前，农业转移人口落户为城镇常住人口，必须充分尊重和保护农民的土地财产权，不能搞强迫命令。采用国家赎买政策处理农村土地的，应充分评估土地的市场定价，给予转户农民合理补偿；采用市场化的土地流转方式的，政府应按照土地利用总体规划和城镇建设规划的要求，严格土地用途管制，合理分配土地出让资金。当前，要重点防止一些地方借推进城镇化和户籍制度改革名义，推行“土地换社保、换户籍”政策，而没有将农民实际常住地和工作地与户籍地相结合，没有充分保障转户农民的财产权利。这一做法既不符合人口流动的经济规律，也违背了公平正义的社会道义，严重影响社会稳定。

第十四章　进一步完善户籍改革推进机制

第一节　近年来建立和完善户籍改革推进机制的探索和进展

户籍制度改革的推进机制，从户籍制度建立之初甚至之前就已存在。我国户籍制度形成和改革完善至今，推进机制也在不断地调整完善，改革也不断取得积极进展。近年来，我国户籍制度改革进入“快车道”。

2014 年 7 月，国务院印发《关于进一步推进户籍制度改革的意见》（以下简称《意见》），标志着进一步推进户籍制度改革开始进入全面实施阶段。《意见》指出，到 2020 年，努力实现 1 亿左右农业转移人口和其他常住人口在城镇落户，并提出了 3 方面 11 条具体政策措施。

自 2014 年 7 月国务院《关于进一步推进户籍制度改革的意见》（国发〔2014〕25 号）出台以来，中央不断敦促各地各部门抓紧出台具体实施意见和配套政策。2014 年 11 月，全国进一步推进户籍制度改革工作会议强调遵循城镇化发展规律，顺应人民群众意愿，扎实推进户籍制度改革。

中共十八届五中全会通过的《中共中央关于制定国民经济和社会发展第十三个五年规划的建议》提出：推进以人为核心的新型城镇化。深化户籍制度改革，促进有能力在城镇稳定就业和生活的农业转移人口举家进城落户，并与城镇居民有同等权利和义务。实施居住证制度，努力实现基本公共服务常住人口全覆盖。

2015 年 11 月，国务院《关于积极发挥新消费引领作用，加快培育形成新供给新动力的指导意见》（国发〔2015〕66 号）中，明确提出，要加快户籍制度改革，释放农业转移人口消费潜力。督促各地区抓紧出台具体可操作的户籍制度改革措施，鼓励各地区放宽落户条件，逐步消除城乡区域间户籍壁垒。省会及以下城市要放开对吸收高校毕业生落户的限制，加快取消地级及以下城市对农业转移人口及其家属落户的限制。加快推进城镇基本公共服务向常住人口全覆盖，完善社保关系转移接续制度和随迁子女就学保障机制。鼓励中小城市采取措施，支持农业转移人口自用住房消费。

综观目前各地已经出台的户籍制度改革实施意见，其共同的特点，就是取消了农业和非农户口的性质区分，几乎所有的省份都开始实施居住证制度。根据这一制度，流动人口可以根据连续居住年限和参加社保等条件，逐步享有与当地户籍人口同等的就业扶持、住房保障、养老、社保、教育等权利。一些地方的准入条件相对严苛，有的要求在当地拥有住房，有的则对学历设置了门槛。而持居住证的“新城市人”所能享受的公共服务也比较有限，住房、养老等都受到一定限制。还有一些地方出台或已经实施的居住证制度更像是翻版的暂住证制度，并没有带来非城镇户籍常住人口公共服务水平的实质性改善。

第二节 户籍改革推进机制存在的关键问题

回顾近年来的户籍改革，尽管在某些领域有所突破，但总体上推进乏力，一些关键领域和重点环节改革未能按预期实现突破。户籍制度改革在推进机制上还存在许多亟待完善之处，存在改革决策不科学、执行不规范、监督不到位的问题，尚不能完全适应不断发展的新形势和新任务的需求，户籍制度改革的任务还十分艰巨。

一、决策设计机制方面，户籍制度改革推进思路和方案缺乏科学性

由于改革决策缺乏有效监督，特别是监督缺乏“刚性”，决策者基本不承担决策风险，致使政府户籍改革决策随意性较大。从 2014 年我国户籍制度改革顶层设计方案以及各地已出台的户籍改革实施方案来看，无论是中央的还是地方的改革方案，都存在方案设计过于宏观不“接地气”、职责划分过于模糊、缺乏可操作性、路线图和时间表不够明确等问题。户籍制度改革关联性强，与之相关的城市福利制度、农村土地制度以及公共财政体制，每一项改革都既庞大又关键，必须系统设计，配套推进。但是，当前的改革方案对改革的关联性、系统性、可行性缺乏认真研究、统筹考虑、全面论证，到目前为止，除了具有高度宏观性的户籍改革顶层方案，其他领域的配套制度改革还基本上没有向前推进，改革形势不容乐观。造成这种局面的原因很大程度上在于户籍改革“攻城”战略定位不清晰，主攻方向出现偏差，难以突破和解决户籍改革的关键问题，也不能显著提高户籍城镇化水平。

“攻城”战略将主攻方向定位在“城墙”。新一轮户籍制度改革重

点是进一步调整户口迁移政策，全面放开建制镇和小城市落户限制，有序放开中等城市落户限制，合理确定大城市落户条件，严格控制特大城市人口规模。目前，除了北京等少数城市继续“垒墙”严格控制人口流入，大多数省会城市和计划单列市都出台了“积分落户”制度。以合法稳定就业和住所、参加社保和连续居住年限等为主要指标，设置落户积分分值，达到一定分值的流动人口本人及家属，可以申请登记常住户口。对于规模相对较小的城市，大部分的省区已基本放开落户政策。这种以放宽户籍准入、扩大城市户籍人口总量为特征的“攻墙”式改革，继续将户籍与福利捆绑，期望一步到位解决城市非户籍人口的福利保障问题。

“攻城”战略继续维持城乡二元制度体系。当前，地方政府的户籍改革重点强调以落实放宽户口迁移政策和不断扩大教育、就业、医疗、养老、住房保障等城镇基本公共服务覆盖面为主。这种户籍准入“放宽”和公共服务“扩面”的改革思路显然不能根本动摇二元福利制度，不能消除不同户籍和不同区域人口因制度本身带来的福利级差。未来仍需要进一步通过制度设计，将户籍与福利剥离，建立一种城镇常住人口公共服务获取新机制。这是户籍制度改革的落脚点和最终归宿，也是当前户籍制度改革能否成功的必要条件。

“攻城”战略难以突破户籍改革核心问题。户籍改革关键要着力优化户籍登记迁移制度，逐步剥离附加在户籍上的城市福利和社会保障功能，处理好农村转移人口市民化过程中的土地问题，以及建立合理的成本分担机制。目前的户籍改革思路，着重强调放宽各级城市的户籍准入门槛，让更多的流动人口特别是已经在城市长期居住生活的人落户城市，享受城市福利；以及通过居住证制度使一部分城镇常住人口获取基本公共服务。这种继续把各种社会管理制度捆绑到户口簿或居住证上的陈旧思路，使不断“开口子”或者“放松”的户口迁移制度改革总是事倍功半甚至适得其反。

同时，改革方案制定缺乏民主性和科学性，部委主导，而作为主要利益相关者的社会公众特别是与户籍改革密切相关的农民、农民工群体在这一过程中“被缺位”，这是改革方法论上的一大缺陷。城镇非户籍常住人口通过户籍改革能获得什么，付出多少成本，仍然是一笔糊涂账。政府决策的信息和咨询组织还不健全，尤其是民间咨询组织参与政府决策的机制还不完善，公民参与政府决策的渠道还不畅通。

二、执行协调机制方面，户籍改革的统筹协调和落地实施力度需进一步强化

在当前户籍制度改革推进过程中，一些地方和部门推动改革的动力不足，积极性不高，改革激励机制、容错机制尚未形成，存在“形式化”和“任务化”倾向，怕抢跑、怕担责任的情绪较浓，未能具体细化改革方案，基本延续中央规定甚至直接转发中央文件。促进户籍改革工作的考核和激励机制不完善，还没有形成系统性常态化的督察、评估机制，部门和地方推动改革的动力不足、压力不够。改革措施落实往往正面要求多，对执行不力的结果问责不够严格。中央改革方案落地实施，重启地方改革激情，必须创新改革推进机制，使改革更加精准地对接发展所需、基层所盼、民心所向，更好造福群众。

在国务院《关于进一步推进户籍制度改革的意见》中，明确提出“公安部、国家发展改革委、教育部、民政部、财政部、人力资源社会保障部、国土资源部、住房城乡建设部、农业部、卫生计生委、法制办等部门要按照职能分工，抓紧制定教育、就业、医疗、养老、住房保障等方面的配套政策，完善法规，落实经费保障。”

国务院《关于进一步推进户籍制度改革的意见》公布后，教育部、财政部、国家发展改革委等八部委提出要完善各项配套措施，如表14-1所示。

表 14–1 我国推进户籍制度改革的配套措施

部门	配套措施
人力社会保障部	力促农民工稳定就业，实施农民工技能提升计划，实现农民工就业信息全国联网，为农民工提供免费就业信息和政策咨询等。保障农民工能够参加城镇职工保险或城乡居民养老保险，实现农民工“不管到哪里干，养老保险接着算”
教育部	积极推动随迁子女在流入地就地升学，推动以公办学校为主接收随迁子女接受义务教育。同时，把免学费政策扩大到全部在校的中职学生
国家卫计委	流动人口在内的已婚育龄人群均可免费获得计划生育基本技术服务。根据辖区内实际人口，合理规划并不断调整社区卫生计生服务机构的布局
住房城乡建设部	解决农业转移人口住房问题，总的原则是“两条腿走路”，即市场配置资源和政府履行保障职能、公共服务职能相结合
发展改革委	改善中小城市的交通条件；夯实中小城市的产业基础；加强中小城市市政基础设施和公共服务设施建设；另外还要突破一些体制机制的障碍
中央农村工作领导小组办公室	农民的土地承包经营权、宅基地使用权和集体收益分配权必须依法保护。对于进城落户的农民是否有偿退出“三权”，应该充分尊重农民的意愿
财政部	在一般性转移支付中，对常住人口超过户籍人口部分的进行一定比例的折算，已经在转移支付中体现了常住人口的因素。在均衡性转移支付中，已考虑了农业转移人口市民化的因素
公安部	力推人口基础信息库建设，面向各共建单位开通人口信息共享服务

资料来源：根据公开资料整理。

从表 14–1 可以看出，目前我国推进户籍制度改革主要涉及八个主要部门。按照国务院的文件要求，各部门都要出台相关配套改革措施。下面逐个梳理各部门迄今为止的改革推进情况。

（一）就业和社会保障

2014 年 11 月 18 日，人力资源和社会保障部会同财政部、国家卫生和计划生育委员会联合发布《关于进一步做好基本医疗保险异地就医医疗费用结算工作的指导意见》（人社部发〔2014〕93 号），完善市（地）级统筹，规范各省份内异地就医结算，推进跨省份异地就医结算，着眼城乡统筹，以异地安置退休人员和异地住院费用为重点，依托社会保险信息系统，分层次推进异地就医结算服务。2015 年 8 月 27 日，人力资源和社会保障部会同国家发展改革委、财政部、国家卫生和计划生育委员会联合发布《关于做好进城落户农民参加基本医疗保险和关系转移接续工作的办法》，以进城落户农民为重点，做好参保和关系转移接续工作。

（二）教育

2014年9月3日，国务院发布《关于深化考试招生制度改革的实施意见》（国发〔2014〕35号），提出要进一步落实和完善进城务工人员随迁子女就学和升学考试的政策措施。但是，该文件并没有列明详细的改革举措，对农民工子女实现在常住地参加高考招生和录取工作没有实质性改革政策，而这一点恰恰是最重要的。2012年以来，全国不少地方放宽了城镇非户籍常住人口子女高考的条件限制，允许在一定条件下实现异地高考，但家长正式工作和社保年限、子女完整当地就读年限等政策条件对于广大从事非正式工作的农民工而言，无疑还是过高。从近几年的政策实施效果来看，并没有多少农民工从中获得政策红利，实现子女异地高考的梦想。

（三）计划生育

2014年10月30日，国家卫生和计划生育委员会会同中央综治办等单位联合发布《关于做好流动人口基本公共卫生计生服务的指导意见》（国卫流管发〔2014〕82号），提出到2020年基本建立起“政策统筹、保障有力、信息共享、科学评估”的流动人口基本公共卫生计生服务均等化运行机制；完善覆盖流动人口、方便可及的卫生计生服务网络体系，基层服务能力和水平明显提升。2015年1月9日，国家卫生计生委、财政部发布《关于做好新型农村合作医疗跨省就医费用核查和结报工作的指导意见》（国卫基层发〔2015〕46号），提出要优化参合农民跨省就医费用结报流程，提升新型农村合作医疗管理服务水平，逐步实现新农合跨省份就医费用直接核查和结报。应该说，我国针对流动人口计划生育和服务保障方面的工作一直在积极推进，流动人口收益颇多。

（四）住房保障

在2015年年初的中央一号文件中，国家又一次强调要“多渠道、多形式改善农民工居住条件，鼓励有条件的城市将有稳定职业并在城市居住一定年限的农民工逐步纳入城镇住房保障体系”。但是，这些年来，国家层面一直是这种倡导性表述，仍缺乏具体可操作的配套法律规则和政策措施，仍然没有超越政策“口号”或宏观指导性意见的藩篱。全国虽有一些地方将农民工纳入了当地的经济适用房或廉租房保障体系，但大多数也是停留在口号和政策层面，实践中农民工享受保障性住房待遇仍然面临过高的政策条件。

（五）农村土地改革

2014年11月21日，中共中央办公厅、国务院办公厅印发了《关于引导农村土地经营权有序流转发展农业适度规模经营的意见》，要求坚持农村土地集体所有，实现所有权、承包权、经营权三权分置，引导土地经营权有序流转。2014年12月30日，国务院办公厅出台《关于引导农村产权流转交易市场健康发展的意见》，要求以规范流转交易行为和完善服务功能为重点，扎实做好农村产权流转交易市场建设工作。同时，目前全国各地都在稳步推进农村集体产权制度改革，扎实做好土地承包经营权、集体建设用地使用权、农户宅基地使用权、林权等确权登记颁证工作。2015年11月2日，中共中央办公厅、国务院办公厅印发了《深化农村改革综合性实施方案》，要求从全局上更好地指导和协调农村各项改革，加强各项改革之间的衔接配套，最大限度释放改革的综合效应。其中，也涉及了户籍制度改革和农村土地制度改革。

（六）人口信息

公安部正会同有关部门全面清理现行户籍政策及相关领域配套政策，深入开展调查研究和论证评估，为研究制定相关改革措施打好基础。按照公安部要求，各地公安机关将推进户籍管理规范化建设，健全完善人口登记制度、常态化检查督导制度和户籍管理责任制度，加快实现全国户口和公民身份号码的准确性、唯一性。同时，抓紧建设完善国家人口基础信息库，深入推进居民身份证换发和指纹信息登记工作，确保基础信息全面、准确，逐步实现跨部门、跨地区信息整合和共享。

此外，2014 年 9 月 12 日，国务院还发布了《关于进一步做好为农民工服务工作的意见》（国发〔2014〕40 号），要求进一步做好在新形势下农民工服务工作，切实解决农民工面临的突出问题，有序推进农民工市民化。这个文件也提到户籍改革相关的政策部门要抓紧出台配套措施。

通过梳理户籍改革相关部门的政策落实和执行情况，我们发现，大多数部门能坚决贯彻中央的指示精神，正逐步出台户籍改革相关配套政策。但是，从政策出台的效果来看，政策红利似乎并不明显，以农民工为主的城镇非户籍常住人口的公共服务权益并没有得到显著改善，农民工离土进城的土地权益的处置仍然没有详细规定和办法，户籍改革的政策执行和改革红利不容乐观。

三、监督考评机制方面，改革考核、督察、评估还没有形成系统性常态化的机制

贯彻中央户籍制度改革的精神，不仅是指落实其中的改革部署，也是指建立一套改革效果的考核、督察、评估机制，监测改革完成情况以及完成效果，厘清改革的价值与方向，判断户籍改革是否落实、完成情况如何，对改革进程做出有效的、公正的评价。看看哪些相关改革落实了，哪些还没有落实，原因是什么，是否需要调整等。不断完善改革的考核、督察、评估机制，对于切实有效地推进户籍改革，无疑具有重要的意义。通过监测、考核和评估工作，全面检查各地、各部门贯彻落实中央政策的执行情况，检验改革成效，总结改革经验，

巩固改革成果，推动体制机制不断完善和创新，为下一步深化改革奠定基础。这对于确保改革的进程沿着既定的目标和正确的方向推进具有重要价值。

自2014年7月底中央出台《关于进一步推进户籍制度改革的意见》以来，中央政府在监督考评户籍制度改革推进工作方面力度还远远不够，至今甚至没有一次推进户籍制度改革的部际联席会，对各地各部门在出台户籍制度改革实施意见和配套措施方面的统筹协调、改革指导、督察考核力度也不足，各项工作都推进缓慢，严重制约了我国户籍制度改革进程和新型城镇化发展。

中央户籍制度改革顶层设计文件提出的改革任务有明确的路线图、时间表，有明确的完成要求，即到2020年实现1亿左右农业转移人口和其他常住人口在城镇落户。从市民化对象来看，不同群体在不同城市的落户难度显著不同。当前，非农户籍常住人口特别是大学生群体在京沪等一线城市仍存在较明显的落户难问题，而在大中城市的落户障碍基本不存在。而农民转市民的情况，除了被征地农民外，还存在一般农民进城落户诸多障碍。一方面，因为城市政府的户籍准入门槛太高，进城农民达不到城市落户的经济、能力、文化条件（如购房、学历、技能等）；另一方面，也有进城农民不愿离土进城的因素。除少数几个一线城市之外，对于主要从事非正规就业和流动就业的广大农民工来说，在城乡联系日益便捷、公共服务持续改善、农村土地价值凸显的背景下，城市户籍的含金量和吸引力远远不足。如果不调整户籍准入制改革的传统思路，要实现“促进约1亿农业转移人口落户城镇”的战略目标难度很大。

第三节 完善户籍改革推进机制的政策建议

改革既要强调问题导向、需求导向，也要强调效果导向。推进改革最终要落在制度创新和机制调整上。当前，推进我国户籍制度改革，关键要进一步完善户籍改革决策、执行及监督机制，做到科学决策、强化落实、完善考评，使改革早日取得更大成效。

一、科学决策，户籍制度改革方案要“接地气”，不能“飘在天上”

中央顶层设计方案的科学性如何，关键问题是否得到解决，目标的科学性、合理性，改革措施的科学性、有效性，目标设计与改革措施的协同性如何，是否从改革的系统性、整体性、协同性角度出发，这些问题是有效推进户籍制度改革的前提和基础。方案不“接地气”，贯彻落实就“没底气”。目前，从中央户籍改革文件来看，改革方案从总体上存在科学性不够的问题。因此，下一步在进一步完善户籍制度改革政策过程中，要广开言路，问计于民、问需于民。要把质量放到重要位置，坚持速度服从质量，提高改革方案针对性、实效性。一是完善改革方案专家论证、民主参与、集体决策的程序，对重大改革进行公开的社会讨论和辩论，充分兼顾各方利益诉求；二是更多地让地方政府参与决策，尤其是省级、市级政府。省、市两级政府对地方实际最为清楚，从地方实际出发参与中央重大决策，建言献策；三是设立长期性的改革建议征集平台，听取民众对推进体制改革的意见；四是完善人民群众通过各级人民代表大会参与和推动改革的制度。此外，还要坚持上下联动、协同推进，进一步完善户籍制度改革方案。一方面，鼓励地方在现有的改革原则下积极推进、积极探索，并下放相关改革权限；另一方面，在国家层面上，也要加大研究的力度，进一步明确和细化相关政策。

二、强化落实，户籍改革推进要提高执行力，不要“停在纸上”

户籍改革政策在执行过程中可能会出现政策歪曲、政策截留，甚至政策抗拒等现象。在政策执行过程中，必须严格改革流程，不折不扣地落实既定方案和措施，明确责任，提高政策执行者的责任意识和效率意识，建立行之有效的改革信息报送、数据监测和风险预警机制，对政策执行情况及时地动态监测，跟踪评估，强化控制。中央全面深化改革领导委员会要加强对改革工作的统筹谋划、协调指导，要多到改革责任单位去调研了解情况，解决一些具体问题，各专项改革小组和牵头单位要切实负起责任来，围绕专项改革目标，加强谋划，推动落实。要建立联序会议制度，定期会商，定期通报。要以“钉钉子”精神推动各地各部门户籍改革任务落地生效。要建立户籍改革举措总台账、分台账和明细账，编制清晰的改革“作战图”，列出推进时间表，“挂图作业”、明确改革目标管理“标准体系”。

各级各部门要对各自承担的任务逐项细化实化，做到有目标、有路径、有措施、有可以检验的成果，完成一项销号一项，没有按时完成的要说明原因。要区分轻重缓急，把握先后次序，谋深谋细谋实，明确改革的着力点和突破口，以重点突破带动面上推进。加强信息沟通和交流，紧密跟踪、准确掌握各地各部门改革工作情况，总结改革取得的有益经验，及时了解和全面掌握改革试点工作的进展，分析和研究在改革过程中出现的新情况和苗头性、倾向性问题及其原因，为政府决策提供科学依据。

三、完善考评，户籍改革要加强督导考核和总结评估，不要“只开花不结果”

各级改革领导部门要围绕监督责任体系、监督方式、工作程序、考核评估和责任追究等健全完善监督检查专项制度，形成长效机制。要将改革督导考核和监测评估工作纳入工作计划，并建立改革监测评估工作专项督导制度，对各地各部门户籍制度改革协调推进情况进行跟踪问效、督查督办，切实将各项措施任务落实到位，确保协调联动推进机制高效运行。及时反馈改革监测评估工作督导评估意见，被督导单位应当根据督导意见书进行整改；督导报告按规定程序向社会公布。

牵头部门要加强对各部门协调联动事项办理情况的跟踪，对部门协调联动工作会议确定的工作任务完成情况进行通报。对部门协调联动工作会议难以解决的重大问题，及时向中央经济体制和生态文明体制改革专项小组报告。报告的周期和时间点可以是即时报告、季度报告、半年报告、年度报告、调研报告等多种形式。要认真总结各地各部门改革工作经验，及时发现问题，不断改进工作。

完善督查机制，重视外部力量对改革成效的评判，特别是要发挥社会舆论和第三方评估机制作用，鼓励第三方机构及公民个人以适当的方式监督改革监测评价工作，并提出意见和建议。被评估地区和部门接到反馈后，应当针对存在的问题进行整改，进一步明确职责、完善制度、堵塞漏洞、改进工作。

参考文献

一、图书资料

[1] 陈钊，陆铭. 迈向社会和谐的城乡发展：户籍制度的影响及改革 [M]. 北京：北京大学出版社，2015.

[2] 仇保兴. 中国城镇化——机遇与挑战 [M]. 北京：中国建筑工业出版社，2004.

[3] 戴炎辉. 清代台湾之乡制 [M]. 台北：联经出版公司，1998.

[4] 费孝通. 江村经济 [M]. 南京：江苏人民出版社，1986.

[5] 改革的重点领域与推进机制研究课题组. 改革攻坚（上）：改革的重点领域与推进机制研究（2013）[M]. 北京：中国发展出版社，2013.

[6] 高佩义. 中外城市化比较研究 [M]. 天津：南开大学出版社，1991.

[7] 公安部三局. 户口管理资料汇编（第四册）[M]. 北京：群众出版社，1993.

[8] 辜胜阻. 非农化及城镇化理论与实践 [M]. 武汉：武汉大学出版社，1993.

[9] 辜胜阻. 非农化与城镇化研究 [M]. 杭州：浙江人民出版社，1991.

[10] 国家人口和计划生育委员会流动人口服务管理司. 中国流动

人口发展报告2015 [M]. 北京：中国人口出版社，2015.

[11] 国务院发展研究中心课题组. 农民工市民化制度创新与顶层政策设计 [M]. 北京：中国发展出版社，2011.

[12] 黄彤. 户籍改革与农地权利联动机制研究 [M]. 杭州：浙江大学出版社，2015.

[13] 黄宗智. 长江三角洲小农家庭与乡村发展 [M]. 北京：中华书局，1992.

[14] [美] 萨尔·D. 霍夫曼. 劳动力市场经济学 [M]. 上海：上海三联书店，1989.

[15] 李若建，门志刚等. 走向有序：地方性外来人口管理法规研究 [M]. 北京：社会科学文献出版社，2007.

[16] 李振京，张林山. 我国户籍制度改革问题研究 [M]. 济南：山东人民出版社，2014.

[17] 厉以宁. 论民营经济 [M]. 北京：北京大学出版社，2007.

[18] 林浩. 中国户籍制度变迁：个人权利与社会控制 [M]. 北京：社会科学文献出版社，2016.

[19] 林毅夫，蔡昉，李周. 中国的奇迹：发展战略与经济改革 [M]. 上海：上海三联书店，1994.

[20] 林毅夫. 制度、技术与中国农业发展 [M]. 上海：上海三联书店、上海人民出版社，1994.

[21] [美] W.阿瑟·（W. Arthur Lewis）刘易斯. 经济增长理论 [M]. 上海：上海三联书店、上海人民出版社，1994.

[22] 刘国光. 中国经济体制改革的模式研究 [M]. 北京：中国社会科学出版社，1988.

[23] 卢海元. 走进城市：农民工的社会保障 [M]. 北京：经济管理出版社，2004.

[24] 陆益龙. 超越户口——解读中国户籍制度 [M]. 北京：中国

社会科学出版社，2004.

[25] 陆益龙. 户籍制度——控制与社会差别 [M]. 北京：商务印书馆，2004.

[26] [英]马尔萨斯. 人口原理 [M]. 北京：商务印书馆，1992.

[27] 缪勒. 公共选择理论 [M]. 杨春学等译. 北京：中国社会科学出版社，1999.

[28] 沈立人. 中国弱势群体 [M]. 北京：民主与建设出版社，2004.

[29] 宋昌斌. 中国户籍制度史 [M]. 西安：三秦出版社，2016.

[30] 田炳信. 中国第一证件——中国户籍制度调查手稿 [M]. 广州：广东人民出版社，2003.

[31] 汪丁丁. 经济发展与制度创新 [M]. 上海：上海人民出版社，1995.

[32] 王春光. 中国城市化之路 [M]. 昆明：云南人民出版社，1997.

[33] 王梦奎，冯并，谢伏瞻. 中国特色城镇化道路 [M]. 北京：中国发展出版社，2004.

[34] 王文录. 城市化背景下的户籍制度变迁研究 [M]. 石家庄：河北人民出版社，2014.

[35] 王兆林. 户籍制度改革中农户土地退出行为研究 [M]. 北京：中国社会科学出版社，2014.

[36] 吴华安. 统筹户籍制度改革的地方实践 [M]. 成都：西南财经大学出版社，2016.

[37] 薛暮桥. 中国社会主义经济问题研究 [M]. 北京：人民出版社，1979.

[38] 严书翰，谢志强. 中国城市化进程 [M]. 北京：中国水利水电出版社，2006.

［39］杨云彦. 中国人口转移与发展的长期战略［M］. 武汉：武汉大学出版社，1994.

［40］殷志静，郁奇虹. 中国户籍制度改革［M］. 北京：中国政法大学出版社，1996.

［41］俞德鹏. 城乡社会：从隔离走向开放——中国户籍制度与户籍法研究［M］. 济南：山东人民出版社，2002.

［42］［美］约瑟夫·阿洛伊斯·熊彼特. 经济发展理论［M］. 北京：商务印书馆，1990.

［43］张晓山. 走向市场：农村的制度变迁与组织创新［M］. 北京：经济管理出版社，1996.

［44］郑杭生. 从传统向现代快速转型过程中的中国社会［M］. 北京：中国人民大学出版社，1996.

［45］朱识义. 户籍制度与农村土地制度联动改革［M］. 北京：法律出版社，2015.

二、报刊资料

［1］班茂盛等. 户籍制度深入改革需要解决的两个问题［J］. 中国人口科学，2002（5）.

［2］表政. 市场能否合理调节人口的区域再分布［J］. 中国人口科学，2001（5）.

［3］蔡昉. 城乡收入差距与制度变革的临界点［J］. 中国社会科学，2003（5）.

［4］蔡昉. 户籍改革核心是打破城乡分割二元结构［J］. 第一财经日报，2010-08-17.

［5］陈凌. 户籍制度改革须从破冰到融冰［J］. 中国改革报，2015-06-15.

［6］陈凌云. 二元户籍制度的弊端与改革［J］. 西南林学院学报，

2006 年增刊.

［7］陈择圆，朱冬梅. 发达国家人口管理办法及对我国的启示［J］. 西南民族大学学报（人文社科版），2005（7）.

［8］陈钊，陆铭. 户籍制度改革的多赢方案［J］. 文汇报，2011-03-28.

［9］崔营. 不断变化的日本户籍制度［J］. 日语知识，2003（12）.

［10］丁水木. 现行户籍制度的功能及其改革走向［J］. 社会学研究，1992（6）.

［11］丁元竹. 户籍制度改革正当其时［J］. 中国新闻网，2014-08-31.

［12］都阳，蔡昉，屈小博. 延续中国奇迹：从户籍制度改革中收获红利［J］. 经济研究，2014（8）.

［13］傅晨. 农民工问题研究三题［J］. 南方经济，2004（8）.

［14］傅勇. 户籍改革宜渐进有序——与主张全面取消者商榷［J］. 经济学家，2005（2）.

［15］甘行琼，刘大帅. 论户籍制度、公共服务均等化与财政体制改革［J］. 财政研究，2015（3）.

［16］龚维斌. 从历史维度看乡村振兴过程中的户籍制度改革［J］. 国家行政学院学报，2018（3）.

［17］辜胜阻，成德宁. 农村城镇化的战略意义与战略选择［J］. 中国人口科学，1999（6）.

［18］郭虹. “农转非”与中国的户籍制度改革［J］. 经济体制改革，2004（4）.

［19］国务院发展研究中心课题组. 梯度推进户籍改革，实现权利实质平等［J］. 中国经济时报，2010-06-09.

［20］韩俊，崔传义. 巴西城市化过程中贫民窟问题对我国的启示［J］. 中国发展观察，2005（6）.

[21] 韩俊等. 农民不需要“以土地换市民身份”——北京市朝阳区农村集体经济产权制度改革调查 [J]. 中国发展观察，2008-07-22.

[22] 贺振华. 户籍制度改革：一个合作博弈框架内的分析 [J]. 人口与经济，2003（3）.

[23] 侯力. 户籍制度改革的新突破与新课题 [J]. 人口学刊，2014（6）.

[24] 胡必亮. 把握城镇化实质，推进我国城镇化健康稳步发展 [J]. 中国发展观察，2010（1）.

[25] 黄可人. 户籍制度演变与城乡劳动力的流动 [J]. 农业经济，2018（1）.

[26] 黄祖辉，王鹏. 农村土地流转：现状、问题及对策——兼论土地流转对现代农业发展的影响 [J]. 浙江大学学报（人文社会科学版），2008（2）.

[27] 黄祖辉. 拉美国家：告别“贫民窟”印象 [J]. 社会科学报，2007-02-01.

[28] 江立华. 国外户籍登记与管理制度的比较——兼谈我国户籍制度改革的方向 [J]. 廊坊师范学院学报，2002（18）.

[29] 蒋省三等. 土地制度改革与国民经济成长 [J]. 管理世界，2007（9）.

[30] 康广地. 户籍制度改革滞后原因及优化路径分析 [J]. 改革与开放，2018（3）.

[31] 匡爱明，顾漫. 户籍制度改革的过去与未来 [J]. 人民论坛，2014（29）.

[32] 李飞武，傅晨. 农民工户籍制度改革意愿及解释——基于广东省珠三角地区调查数据的实证分析 [J]. 农村经济，2015（5）.

[33] 厉以宁. 论城乡二元体制改革 [J]. 北京大学学报（哲学社会科学版），2008（2）.

[34] 林乐芬等. 城市化进程中失地农民市民化现状研究 [J]. 农业经济问题，2009 (3).

[35] 林晓洁. 建立外来农民工最低生活保障制度的可行性分析 [J]. 人口与经济，2006 (1).

[36] 刘传江. 制度安排与城市化 [J]. 人口研究通讯，1999 (24).

[37] 鲁桂华. 户籍改革：为何举步维艰 [J]. 中国社会导刊，2006 (3).

[38] 鲁开源. 我国政府管理机制创新策略 [J]. 人民论坛，2011 (30).

[39] 陆益龙. 1949 年后的中国户籍制度：结构与变迁 [J]. 北京大学学报 (哲学社会科学版)，2002 (2).

[40] 孟兆敏. 户籍制度改革走向何方——基于我国户籍制度改革对策的研究评述 [J]. 知识经济，2007 (12).

[41] 潘丽萍. 城市化的户籍制度障碍及创新综述 [J]. 理论导刊，2008 (9).

[42] 彭科. 户籍制度改革中的流动人口治理 [J]. 中共中央党校学报，2014 (6).

[43] 邱红. 深化户籍管理制度改革进一步适应市场经济发展 [J]. 人口学刊，2001 (6).

[44] 闰继华. 浅析我国户籍制度弊端提出构建新模式的理念 [J]. 科教文汇，2007 (3).

[45] 邵光学. 新型城镇化背景下户籍制度改革探析 [J]. 上海经济研究，2015 (2).

[46] 盛广耀. 制度变迁的关联性与户籍制度改革分析 [J]. 经济学家，2017 (4).

[47] 宋杨. 户籍制度改革的难点与思路 [J]. 财新网，2014-12-24.

[48] 孙文凯. 中国的户籍制度现状、改革阻力与对策 [J]. 劳动经

济研究，2017（3）.

[49] 汤啸天. 户籍制度与可持续发展初探 [J]. 上海大学学报，1998（4）.

[50] 唐克. 户籍制度与城市化进程研究 [J]. 内蒙古社会科学（汉文版），2007（3）.

[51] 陶然，汪晖. 中国尚未完之转型中的土地制度改革：挑战与出路 [J]. 国际经济评论，2010（2）.

[52] 陶然. 从农民进城住房入手改革户籍制度[J]. 第一财经日报，2010-03-08.

[53] 滕亚为. 户籍改革中农村土地退出补偿机制研究——以重庆市为例 [J]. 国家行政学院学报，2011（8）.

[54] 万川. 当代中国户籍制度改革的回顾与思考 [J]. 中国人口科学，1999（1）.

[55] 汪丁丁. 制度创新的一般理论 [J]. 经济研究，1992（2）.

[56] 汪立鑫，王彬彬，黄文佳. 中国城市政府户籍限制政策的一个解释模型：增长与民生的权衡 [J]. 经济研究，2010（11）.

[57] 汪小林. 户籍制度改革法治化路径探寻 [J].人民论坛，2015（21）.

[58] 王粲，李文莲. 改革户籍制度与增加农民收入 [J]. 理论学刊，2002（9）.

[59] 王红丽. 我国户籍制度弊端浅析 [J]. 西北人口，2003（1）.

[60] 王菊英. 二元户籍制度改革与农村土地集体所有之关系论析 [J]. 贵州大学学报（社会科学版），2009（2）.

[61] 王丽，杨楠，王振坡. 土地产权制度、户籍制度与城乡统筹发展研究 [J]. 农村经济，2017（7）.

[62] 王美艳，蔡昉. 户籍制度改革的历程与展望 [J]. 广东社会科学，2008（6）.

[63] 王清. 制度变迁过程中的碎片化：以户籍制度改革为例 [J]. 学术研究，2015（4）.

[64] 王太元. 户籍改革：剥离附着利益[J]. 瞭望新闻周刊，2005-05-16.

[65] 王太元. 户籍管理的补救与改革 [J]. 南风窗，2013-02-26.

[66] 王文录. 人口城镇化背景下的户籍制度变迁——石家庄市户籍制度改革案例分析 [J]. 人口研究，2003（6）.

[67] 王小鲁. 城市化与经济增长 [J]. 经济社会体制比较，2005（2）.

[68] 王元璋. 农民工待遇市民化探析 [J]. 人口与经济，2004（2）.

[69] 吴开亚，张力，陈筱. 户籍改革进程的障碍：基于城市落户门槛的分析 [J]. 中国人口科学，2010（1）.

[70] 吴瑞君. 大城市内部“人户分离”现象及其对策研究 [J]. 人口研究，1999（6）.

[71] 吴效军. 城市户籍制度改革与城市规划应对 [J]. 城市规划，2002（6）.

[72] 吴志澄. 加快城镇化进程，提高经济竞争力 [J]. 统计研究，2001（5）.

[73] 肖海英. 关于我国户籍制度改革途径的思考 [J]. 浙江社会科学，2006（5）.

[74] 宣晓伟. 完善改革推进机制，统筹规划和协调重大改革 [J]. 中国发展观察，2013（12）.

[75] 杨登峰. 没实惠，何必农转非 [N]. 工人日报，2014-12-02.

[76] 杨继瑞. 土地承包经营权市场化流转的思考与对策 [J]. 经济社会体制比较，2010（3）.

[77] 杨菊华. 新型城镇化背景下户籍制度的双二属性与流动人口的社会融合 [J]. 中国人民大学学报，2017（4）.

[78] 杨树海. 重庆市农民工户籍制度改革实践与思考 [N]. 学习时报，2015-05-25.

[79] 杨重光. 城市化过程中土地政策调整与人口户籍变更 [J]. 中国土地科学，2000（6）.

[80] 姚洋. 中国农地制度与农村社会保障 [J]. 中国社会科学季刊.（香港），2000 年秋季号。

[81] 叶建亮. 公共产品歧视性分配政策与城市人口控制 [J]. 经济研究，2006（11）.

[82] 叶俊焘，钱文荣. 制度感知对农民工主观市民化的影响及其代际和户籍地差异 [J]. 农业经济问题，2016（7）.

[83] 殷淑燕. 论中国户籍制度改革 [J]. 人口研究，2000（6）.

[84] 尤佳. 对各省区户籍制度改革政策的对比分析 [J]. 法制与经济，2016（3）.

[85] 余斌. 破除利益集团阻力，建立改革推进机制 [N]. 人民财评，2012-03-01.

[86] 余波. 我国城市化问题讨论综述 [J]. 经济纵横，2002（1）.

[87] 袁媛. 我国户籍制度改革中的路径依赖研究 [J]. 农村经济，2015（1）.

[88] 张爱华. 关于人口城市化劳动力转移的思考 [J]. 市场与人口分析，2004（3）.

[89] 张林山. 当前户籍制度改革需要进一步关注的几个问题 [J]. 中国经贸导刊，2015（21）.

[90] 张林山. 户籍制度改革：争议、误区与下一步改革方向 [J]. 中国经贸导刊，2012（6）.

[91] 张林山. 农民市民化过程中土地财产权的保护和实现 [J]. 宏观经济研究，2011（2）.

[92] 张庆五. 户口迁移与流动人口论丛 [J]. 公安大学学报编辑部，

1994.

[93] 张曙光. 放开粮价取消粮票——粮食购销制度变迁研究 [J]. 中国社会科学季刊（香港），1995 年冬季卷.

[94] 张学军. 身份登记制度研究 [J]. 法学研究，2004（1）.

[95] 张一鸣. 多地推进户籍制度改革 [N]. 中国经济时报，2015-02-09.

[96] 张翼，周小刚. 中国流动人口子女受教育状况分析 [J]. 调研世界，2012-11-08.

[97] 赵洪祝. 进一步强化权力运行制约和监督体系 [N]. 人民日报，2013-11-27.

[98] 赵前前. 我国政府管理机制设计研究 [J]. 商业时代，2011（10）.

[99] 钟方丽. 政府管理机制创新研究 [J]. 决策，2010（8）.

[100] 周文，赵方，杨飞等. 土地流转、户籍制度改革与中国城市化：理论与模拟 [J]. 经济研究，2017（6）.

[101] 周一星. 中国城市化面临的基本问题 [J]. 城市科学，1990（2）.

[102] 朱信凯，雷海章. 二十一世纪：中国对城市户口说不——对我国户籍管理制度改革的几点思考 [J]. 社会科学，1999（12）.

[103] 邹一南. 户籍制度改革的内生逻辑与政策选择 [J]. 经济学家，2015（4）.

三、外文资料

[1] B.M.Vshue & Tethered. Deer Government and Economy in Chinese County Stanford Niversity Press，1996.

[2] Balla Steven J. Interstate Professional Associations and the Diffusion of Policy Innovations American Politics Research，2001.

[3] Berry Frances Stokes & William D. Berry State Lottery Adoptions as Policy Innovations: An Eventtory Analysis American Political Science Review, 1990 (84).

[4] Brown L. A. Innovation Diffusion Methuen & Co.Ltd., 1981.

[5] Brown Lawrence A& Cox Kevin R. Empirical Regularities in the Diffusion of Innovation Annals of the Association of American Geographers, 1971 (61).

[6] Bruce J. Dickson. Cooptation and Corporatism in China: The Logic of Party Adaptation Political Science Quarterly Winter. 2000–2001, 115 (4).

[7] Carl Riskin & Zhao Renwei & Li Shi, China's Retreat from Inequality New York: M.E. Sharpe, 2001.

[8] Dominick Salvatore, World Poplation Trends and Trends and Their Impact on Eocnomic Development. Greenwood Press, 1988.

[9] Fei–Ling Wang, Reformed Migration Control and New Targeted People: China's Hukou System in the 2000s. The China Quarterly, 2004.

[10] Feiock R.C. & West J.P., Testing Competing Explainations for Policy Adoption: Municipal Solid Waste Recycling Programs. Political Research Quarterly, 1993 (46).

[11] Gerrord Bill, The Economics of Rationality. New York: Routledge, 1993.

[12] Ghosh B.N., Population Economics: An Analysis of Human Resources Development. New Di1h: Deep & Deep Publications, 1993.

[13] Gray Virginia, Innovation in the States: A Diffusion Study. American Political Science Review, 1973 (67).

[14] Hagerstrand T., Innovation as a Spatial Process. Chicago: University of Press, 1967.

[15] Hausman Daniel. U, Economic Analysis and Moral Philosopby. Cambridge University Press, 1996.

[16] Hodgson Goffrey. M, Economics and Institutions: A Manifesto for a Modern Institutiiona Economics UK: Polity Press Cambridge, 1988.

[17] Hoffmann W., Growth of Industrial Economics. Manchester U-nivercoty Prerss, 1958.

[18] Mooney Christopher Z., Modeling Regional Effects on State Policy Diffusion Political Research Quarterly, 2001 (54).

[19] Simmons O.G., Perspectives on Development and Population Growth in to Thied World. New York and London: Plenum Press, 1988.

[20] Stonley Johnson. The Plitics of Population: The International Conference on Population and Development Cairo 1994.London: Earthscan Publications, 1995.

[21] Tiejun Cheng & Mark Selden, The Origins and Social Conse-quences of China's Hukou System. The China Quarterly, 1994.

[22] Wang Fei-Ling, Organizing Through Division and Exclusion: China's Hukou System. Stanford Calif: Stanford University Press, 2005.

[23] Zhiqiang Liu, Institution and Inequality: The Hukou System in China. Journal of Comparative Economics, 2005.

后 记

本书是在我的博士学位论文基础上修改完成的。在书稿即将付梓之际，回望学校那段研读岁月，许多领导、同事、同学以及我的家人都给予了我很大的支持和帮助。

感谢我的导师王春正教授，王老师深厚的学术功底和严谨的工作作风给我留下了深刻的印象。每次和王老师见面，聆听他关于宏观大势的分析论断，总会有新的收获和启发。在论文写作期间，王老师也给予了我很多的指导。同时，还要感谢国家发改委丛亮秘书长，他总是在百忙之中时刻关心我的工作和学习。

还要特别感谢本单位的领导和同事对我工作及学习的大力支持。国家发改委经济体制与管理研究所所长银温泉和副所长李振京、汪海、郑志斌对我的工作和学习倾注了大量的心血，他们亦师亦长的培养、督导和训练使我受益匪浅，科研能力得到较大提升。同时，还要感谢国家发改委经济体制综合改革司徐善长司长，他渊博的学识令人敬仰，对我的谆谆教诲将永记在心。

感谢中国人民大学经济学院刘瑞教授、郑超愚教授、方芳教授、方竹兰教授，他们的指导给我留下了难忘的印象，深刻体会“学海无涯”之意语深涵，也更明白渊博的学识确实需要点点滴滴的长期积累。在此，谨表达由衷的谢意。

最后，我要特别感谢我的家人，他们帮我分担了太多的家务琐事，给我提供了一个良好的工作和学习环境，使我能够静心工作、学习和写作。家人的理解和支持是我一路走来最大的感动和幸运。

张林山

2018 年 7 月